En couverture, premiers versets du livre de l'Exode, dont le titre en hébreu est *Shamût*, c'est à dire « les noms ». Nous en donnons ici la traduction : « [1] Voici les noms des fils d'Israël, venus en Egypte ; ils y accompagnèrent Jacob, chacun avec sa famille : [2] Ruben, Siméon, Lévi et Juda ; [3] Issachar, Zabulon et Benjamin ; [4] Dan et Nephtali, Gad et Aser. [5] Toutes les personnes composant la lignée de Jacob étaient au nombre de soixante-dix. Pour Joseph, il était déjà en Egypte. [6] Joseph mourut, ainsi que tous ses frères, ainsi que toute cette génération. [7] Or, les enfants d'Israël avaient augmenté, pullulé, étaient devenus prodigieusement nombreux, et ils remplissaient la contrée. »

LES NOMS DES JUIFS DE TUNISIE

ISBN : 2-7475-2595-3

Paul Sebag

LES NOMS DES JUIFS DE TUNISIE

Origines et significations

L'Harmattan
5-7, rue de l'École-Polytechnique
75005 Paris
France

L'Harmattan Hongrie
Hargita u. 3
1026 Budapest
HONGRIE

L'Harmattan Italia
Via Bava, 37
10214 Torino
ITALIE

INTRODUCTION

Les noms des juifs d'Afrique du Nord ont fait l'objet d'une étude d'ensemble, il y a aujourd'hui plus d'un demi-siècle. Le savant rabbin d'Alger M. Eisenbeth s'est attaché à établir l'origine et le sens de tous les noms de famille des juifs de Tunisie, d'Algérie et du Maroc[1]. Son ouvrage a été publié au terme d'une enquête très ample, qui a été réalisée à partir des noms recueillis dans les trois pays à l'occasion des recensements généraux de la population. L'auteur a pris soin de relever et de regrouper toutes les variantes d'un même nom, ce qui lui a permis d'en découvrir plus aisément l'origine et le sens. De plus, pour chaque nom, toutes les fois qu'il l'a pu, il a donné la date d'apparition, attestée par un document avec une référence précise.

Mais cette œuvre de pionnier, qui a donné la première vue d'ensemble de l'onomastique des juifs d'Afrique du Nord, et a pour la première fois tenté d'en dégager les traits généraux, a ses limites : 1°. Malgré le soin apporté à la collecte des données de base, elle comporte des lacunes, dès lors que de nombreux noms de famille, dont l'existence ne peut être mise en doute, n'y figurent pas. 2°. Les indications fournies sur l'origine et le sens des noms ne sont pas toujours assorties de références qui permettraient d'en vérifier l'exactitude. 3°. Plus d'une explication, pour celui qui examine les choses de près, paraît contestable, sinon manifestement fausse. 4°. De nombreux noms, l'auteur ne donne ni l'origine ni le sens.

Il est sans doute possible aujourd'hui de présenter de l'onomastique des juifs d'Afrique du Nord une analyse plus complète, plus rigoureuse et plus exacte. Mais peut-être faut-il renoncer à embrasser un aussi vaste ensemble, pour limiter son enquête à chacun des trois pays.

C'est ce qui a été déjà fait pour l'un d'entre eux par A. Laredo, dont l'ouvrage publié en 1975 a apporté sur les noms des juifs du Maroc une somme inégalée d'informations[2]. L'enquête a porté sur plus de mille noms, avec toutes leurs variantes, dont l'origine et le sens ont été élucidés à partir de l'hébreu, de l'arabe, du berbère ou de l'espagnol. De chaque nom, l'auteur s'est efforcé de déterminer la date d'apparition en faisant mention de tous ceux qui l'ont illustré par leur action ou par leurs œuvres, avec des références précises à toutes les sources mises à contribution par l'auteur. L'ampleur de la documentation rassemblée à donné à cet ouvrage de vastes proportions, et son prix

1. M. EISENBETH, *Les Juifs d'Afrique du Nord. Démographie et onomastique.* Alger, 1936.

2. A. LAREDO, *Les Noms des juifs du Maroc. Essai d'onomastique judéo-marocaine,* Madrid, 1978.

élevé en a réservé l'acquisition aux bibliothèques des instituts universitaires. Mais assez vite, on a eu l'idée d'en tirer l'essentiel, en faisant suivre chaque nom d'une liste plus ou moins étendue des notabilités qui ont porté ce nom, au Maroc, en Israël ou en France. Ainsi, a vu le jour un ouvrage de vulgarisation qui a pu atteindre un public plus étendu[3].

Nous avons voulu faire pour les noms des juifs de Tunisie, ce qui a été fait pour les noms des juifs du Maroc. L'onomastique a souvent retenu notre attention au cours de nos recherches sur l'histoire des juifs de la Régence, et elle nous avait aidé à tirer de l'ombre plus d'un épisode d'une histoire perdue[4]. Cette histoire, aujourd'hui reconstituée dans ses grandes lignes, devait nous aider à mieux comprendre les noms de famille que l'on rencontre parmi les membres de cette communauté ethnico-religieuse. Ainsi a pris corps le dessein d'en dresser un inventaire complet, d'établir l'origine et le sens de chacun d'eux et de rassembler toutes les données dont nous disposons sur leur date d'apparition en faisant appel aux sources les plus variées.

I. De l'inventaire à l'explication

Il nous a fallu commencer par dresser l'inventaire le plus complet possible des noms de famille qui étaient portés par les juifs de Tunisie.

Nous avons d'abord mis à contribution un annuaire des téléphones de l'année 1955. L'extension prise, jusqu'à cette date, par le réseau tunisien avait accru le nombre d'abonnés d'origine juive, et l'exode à destination d'Israël ou de la France, qui a suivi l'accession à l'Indépendance, ne l'avait pas encore sensiblement réduit. De crainte que des noms aient pu nous échapper, nous nous sommes attaché à dépouiller un certain nombre d'annuaires, conçus sur le modèle de celui de Sebastien Bottin, de la période coloniale. Il nous ont fourni des listes nominatives d'habitants qui ne figuraient pas parmi les abonnés du téléphone, ville par ville, dans les diverses circonscriptions du pays. Dans ce deuxième temps, comme dans le premier, une longue familiarité avec l'onomastique tunisienne nous a permis de reconnaître avec sûreté les patronymes juifs et de limiter notre relevé à eux seuls. Pour parachever notre inventaire, nous avons dépouillé tous les fascicules de l'*Annuaire israélite de Tunisie*, publiés dans les dernières années du Protectorat, qui donnaient la liste des membres des conseils, élus ou nommés, des communautés israélites de Tunis, Sousse et Sfax, des comités d'administration des Caisses de secours et de bienfaisance instituées dans les autres centres, des dirigeants et animateurs de toutes les associations caritatives dues à l'initiative des fidèles, ainsi que les noms de tous les rabbins, *mohelim* et notaires, en activité dans les

3. J. TOLEDANO, *La Saga des familles. Les juifs du Maroc et leurs noms,* Tel-Aviv, 1983.
4. P. SEBAG, *Histoire des juifs de Tunisie,* L'Harmattan, Paris, 1991.

diverses communautés du pays. Nous avons enfin dépouillé la longue liste des signataires d'une pétition des juifs de Tunisie de l'année 1928 publiée par Robert Attal (*Revue des Etudes juives*, 1992, pp. 95-140). Ces diverses sources d'informations, se corroborant et se complétant l'une l'autre, nous ont permis de dresser un état de tous les noms de famille en usage de notre temps, des plus communs aux plus rares. Nous avons pu nous assurer de son exhaustivité, en le comparant à celui qui se trouve à la base de l'étude de M. Eisenbeth. Il n'est pas un nom qu'il ait signalé et que nous n'ayons relevé ; et nous avons relevé, en sus, des dizaines de noms qui ont échappé à sa recension.

Comme dans toutes les aires linguistiques, le même nom peut se présenter sous des formes multiples : a) le même ensemble de lettres d'un mot d'origine hébraïque ou arabe a fait l'objet de transcriptions diverses en fonction du système de translittération adopté (ex. : Chalom et Scialom, Jami et Giami) ; b) le même vocable, substantif ou adjectif, peut être ou non accompagné de l'article (ex. : Uzzan et Louzoun, Allouche et Lellouche) ; c) le même nom peut se rencontrer seul ou précédé de l'indice de filiation faisant corps avec lui (ex. : Attiya et Benattiya, Sussan et Bensussan). Il était de bonne méthode de regrouper toutes les variantes d'un même nom avant de tenter de l'élucider. Car plus d'un nom qui, sous une forme, peut paraître impénétrable, est transparent sous une autre (ex. : Akoun se comprend dès qu'on le rapproche de Haccoun). C'est seulement après ce regroupement de toutes les variantes d'un même nom que l'on peut essayer de les expliquer.

Les noms d'origine hébraïque ne sont pas difficiles à interpréter, dès lors qu'il s'agit le plus souvent de noms propres (ex. : *Ruben, David, Samuel*), de noms de charges ou de fonctions au sein de la communauté (ex. : *Dayan* = juge ; *Gabay* = collecteur de taxes ; *Hazan* = chantre), ou de noms votifs (ex. : *Yom-Tov* = bon jour ; *Masliah* = chanceux ; *Shalom* = paix). Il suffit d'un dictionnaire de l'hébreu biblique pour les élucider à coup sûr[5].

Il en est de même pour les noms d'origine romane : les noms des juifs venus d'Espagne ou du Portugal sont constitués par des épithètes (ex. : *Bueno* = bon ; *Calvo* = chauve ; *Lumbroso* = illustre) ; par des métaphores ou des métonymies (ex. : *Carvalho* = chêne ; *Gatinho* = petit chat) ; ou par des toponymes, correspondant à la ville d'origine des familles qui ont dû, un jour, prendre le chemin de l'exil (ex. : *Castro, Medina, Spinoza*). Les noms des juifs venus d'Italie sont constitués par des épithètes (ex. : *Arditti* = hardi ; *Forti* = courageux ; *Eminente* = éminent ; des noms de métier (ex. : *Astrologo* = astrologue ; *Orefice* = orfèvre ; *Spizzichino* = brocanteur) ou par des toponymes correspondant à la lointaine origine des familles qui à diverses époques sont venues s'établir en

5. Ph. SANDER et I. TRENEL, *Dictionnaire hébreu-français*, Paris, 1859, réed. Slatkine, Genève, 1982.

Tunisie (ex. : *Ascoli, Piperno, Senigalia*). Tous ces noms d'origine romane, nous avons pu les élucider en consultant un dictionnaire de la langue espagnole, un dictionnaire de la langue portugaise et un dictionnaire de la langue italienne[6] – faisant appel à des atlas pour identifier des noms de lieux.

Ce sont les noms d'origine arabe qui présentent le plus de difficultés. En effet, ils ont été transcrits en caractères latins, en faisant appel à divers systèmes de translittération et en cherchant moins à donner une idée exacte du vocable originel qu'à en fournir un succédané dépourvu de rudesse. Au-delà du nom transcrit en caractères latins avec ses diverses graphies, il nous faut d'abord imaginer à quel vocable, en caractères arabes, il pourrait correspondre, avant de pouvoir mettre à contribution les ressources d'un dictionnaire. Mais en passant d'une supposition à une autre, nous avons fini par trouver le vocable originel, substantif ou adjectif, dont nous pouvions comprendre qu'il ait pu devenir un nom. Nous avons consulté avec profit le *Dictionnaire pratique arabe-français* de Marcelin Beaussier, dans l'édition revue, corrigée et augmentée qu'en a donnée M. Ben Cheneb[7]. Nous avons aussi fait appel à l'excellente étude que D. Cohen à consacrée au parler arabe des juifs de Tunis, qui nous a permis plus d'une fois de retrouver l'orthographe exacte d'un mot altéré dans le parler judéo-arabe et d'en établir le sens[8]. Ainsi nous avons pu élucider les noms de famille d'origine arabe, qu'ils dérivent de noms individuels donnés à la naissance, de noms de métier, des nombreux substantifs et adjectifs qui ont concouru à la formation des surnoms, ou encore de toponymes, ou d'ethniques formés à partir de noms de lieux de Tunisie, du Maroc ou d'autres pays.

Au terme de nos recherches, nous sommes parvenu à élucider la plupart des noms de famille en usage de notre temps, qu'ils soient d'origine hébraïque, arabe, ou romane, en renvoyant avec précision aux instruments de travail qui nous ont permis d'établir notre interprétation. Cependant, il y a encore un certain nombre de noms dont l'origine et le sens sont incertains. Nous rappellerons les explications qui en ont été proposées et ferons état de celles que nous avons pu imaginer – sans conclure. Il y a aussi un petit nombre de noms qui sont restés pour nous impénétrables. Nous n'avons pu les rattacher à aucune langue, pas même à la langue berbère, qui ne nous a fourni que bien rarement la clef d'un nom. Il faut supposer, soit que par suite d'une aphérèse, d'une apocope, d'une métathèse ou d'une contraction le nom ait été

---

6. R. GARCIA-PELAYO et J. TESTAS, *Dictionnaire moderne français-espagnol et espagnol-français,* Larousse, 1972. D. AZEVEDO, *Pequeno Diccionario Português-Francês,* Bertrand, Braga. P. PETROCCHI, *Piccolo dizionario della lingua italiana,* A. Vallardi, Milano.

7. M. BEAUSSIER, *Dictionnaire pratique arabe-français,* nouvelle édition revue, corrigée et augmentée par M. Ben-Cheneb, Alger, 1958.

8. D. COHEN, *Le Parler arabe des juifs de Tunis. 1. Textes et documents linguistiques et ethnographiques,* Paris - La Haye, 1964 ; *II. Etude linguistique,* Paris - La Haye, 1975.

profondément altéré, soit qu'il corresponde à un toponyme dont le souvenir s'est perdu[9].

Malgré les lacunes, somme toute assez rares, de cette enquête, nous en savons aujourd'hui assez pour présenter un tableau d'ensemble des noms de famille, que nous avons relevés et que nous nous sommes attaché à expliquer.

II. Essai de classification

Aussi loin que notre information nous permette de remonter, les juifs de Tunisie ont affirmé leur identité à l'aide de trois éléments : 1°. le nom individuel, ou prénom, qu'ils avaient reçu à la naissance ; 2°. le nom individuel, ou prénom, du père dont ils étaient le fils ; 3°. le nom de famille, que se transmettaient d'une génération à l'autre les individus d'une même lignée (ex. : Joseph de Hay Sabbagh, Nessim de Moshé Attal). On en trouvera des centaines d'exemples dans l'ouvrage de R. Attal et J. Avivi, dans lequel sont analysés les contrats de mariage, transcrits sur les registres matrimoniaux de la communauté portugaise de Tunis de la fin du XVIIIe siècle jusqu'à la veille de l'institution du Protectorat[10].

L'enquête sur les noms de famille à laquelle nous nous sommes livré, et dont on trouvera les résultats consignés dans les pages qui suivent, nous a permis d'en dresser un tableau d'ensemble, en les classant en quatre catégories : a – noms individuels ; b – noms d'origine ; c – noms de métier ; d – surnoms.

a – noms individuels

De nombreux noms de famille dérivent de noms individuels, ou prénoms, donnés à la naissance d'un enfant. Comme une tribu, ou une fraction de tribu, une famille porte souvent le nom de son ancêtre éponyme.

Parmi les noms, certains sont d'origine hébraïque et ont été puisés dans l'Ancien Testament. Il s'agit de noms de patriarches (ex. : *Abraham, Ruben, Zebulon*) , de rois (ex. : *Saül, David, Salomon*) , de prophètes (ex. : *Samuel, Isaïe, Jonas, Nahum*) ou encore de noms théophores, ex. *Azria* (Dieu l'aide), *Elisha'* (Dieu est son salut), *Ouziel* (Dieu est ma force). Certains d'entre eux,

9. M. Eisenbeth a repris à son compte les étymologies avancées par N. Slouschz dans son étude : *Judéo-hellènes et judéo-berbères*, Paris, 1909, et donne les noms de famille Ankri, Fitoussi, Gallula, Guetta, Sfez, Sitruk, Sroussi, Timsit, Tubiana pour des toponymes ou des ethniques correspondant à des noms de lieux du Djebel Nefousa, en Tripolitaine. Mais nous n'avons pas trouvé de confirmation de l'existence de ces noms de lieux (cf. J. Despois, « Les déplacements de villages dans le Djebel Nefousa » dans *Revue tunisienne* 1933, pp. 263-284).

10. R. ATTAL et J. AVIVI, *Registres matrimoniaux de la communauté juive portugaise de Tunis aux XVIIIe et XIXe siècles,* Institut Ben-Zvi, Jérusalem, 1989. ID, *Registre matrimonial de la communauté juive portugaise de Tunis (1843-1854)*, Institut Ben-Zvi, Jérusalem, 2000.

bien que tirés des Saintes Ecritures, se présentent dans une forme arabisée (*Moussa* pour Moïse ; *Younes* pour Jonas ; *Yahia* pour Yohanan). D'autres sont d'origine arabe et on les rencontre chez les juifs comme chez les musulmans (ex. : *Attiya, Habib, Tayeb*). Hébreux ou arabes, ces noms individuels se sont, avec le temps, transformés en patronymes, sous leur forme originelle, ou précédés de l'indice de filiation *ben* ou *bel* (ex. : *Ben Moussa, Ben Roubin, Bel-Hassen*) ou encore avec le suffixe *i* qui sert à former des adjectifs relatifs (Abraham a donné *Abrahamî*, Shema'ûn, *Shema'ûnî*, Allâl, *Allâlî*).

Parmi les noms de famille qui dérivent de noms individuels, on rencontre aussi quelques noms d'origine romane. Le prénom espagnol Enrique suivi de l'indice de filiation *ez* a donné le patronyme *Enriquez*. Le prénom italien Donato, ayant reçu la marque du pluriel, a donné le patronyme *Donati*.

D'origine hébraïque, arabe, ou romane, sans addition, ou précédés d'un indice de filiation, les noms individuels sont à l'origine d'une classe de noms de famille, bien individualisée.

b – noms d'origine

De nombreux noms de famille sont des noms d'origine, qui attestent et rappellent l'origine, plus ou moins lointaine, de ceux qui les portent. Ces noms d'origine revêtent généralement la forme d'ethniques, c'est-à-dire d'adjectifs relatifs, avec le suffixe *î*, exprimant le pays, la région ou la ville d'origine. L'ethnique ne donne parfois qu'une indication plutôt vague (ex. *Sharkî* = oriental ; *Gharbî* = occidental ; *Hadrî* = citadin ; *Jabâlî* = montagnard). Mais il témoigne le plus souvent d'une origine précise. Des ethniques correspondent à des localités de Tunisie (ex. : *Djerbî*, de Djerba ; *Kâfi*, du Kef ; *Kesraouî*, de La Kesra), de Libye (ex. *Trabelsî*, de Tripoli ; *Zanzourî*, de Zanzour ; *Zouarî*, de Zouara), d'Algérie (ex. *Qsantinî*, de Constantine ; *Bîjaouî*, de Bougie ; *Touatî*, du Touat), du Maroc (*Fasî*, de Fes ; *Tanujî*, de Tanger ; *Dra'î*, du Dra'a), d'Egypte (ex. *Bulâqî*, de Bulâq), de Palestine (ex. *Lahmî*, de Bethleem ; *Yerushalmî*, de Jerusalem), d'Espagne (ex. *Alcalaî*, de Alcala de Henares ; *Saragostî*, de Saragosse ; *Valensî*, de Valence), de France (ex. *Narbonî*, de Narbonne), d'Italie (ex. *Sqalî*, de Sicile). L'origine peut être exprimée par un adjectif relatif emprunté à une langue romane (ex. *Provenzal*, de Provence ; *Tedesco*, d'Allemagne ; *Morpurgo*, de Marburg ; *Lussato*, de Lusace).

Les noms d'origine peuvent se confondre avec le nom d'une ville. Les juifs d'ascendance ibérique qui, via Livourne, sont venus s'établir en Tunisie à partir de la fin du XVIe siècle et ont constitué le premier noyau de la communauté livournaise, ont aimé à rappeler leur origine. Ceux dont le patronyme était Cohen ou Lévy, pour qu'on ne les confondît pas avec d'autres, ont ajouté une précision à leur nom (ex. Cohen de Lara, Lévi de Léon). Mais la plupart ont adopté comme patronyme le nom de la ville qui avait été le berceau de leur famille, en Espagne (ex. *Medina, Ossuna, Spinoza*) ou au Portugal (ex. *Cardoso, Louisada, Silvera*). Il en a été de même pour les juifs de vieille souche italienne qui sont venus grossir la communauté livournaise de Tunis au XIXe siècle. Les noms qu'ils portent se confondent avec ceux des localités où leurs ancêtres ont longtemps vécu : *Sonsino* en Lombardie, *Cesana* en Emilie, *Castelnuovo* en Toscane, *Segni* dans le Latium, *Senigalia* dans les Marches ou *Ortona* dans les Abruzzes. D'autres noms d'origine se confondent avec des toponymes d'Algérie (ex. *Stora*), de France (ex. *Carcassone*) ou d'autres pays. On voit généralement dans le nom Boccara, très répandu, un avatar de *Bûkhâra*, ville du Turkestan russe.

Qu'ils prennent la forme d'ethniques ou se confondent avec des toponymes, les noms d'origine contribuent à nous éclairer sur les migrations qui ont concouru à la formation de la population du pays.

c – les noms de métier

Un petit nombre de noms dérivent de dignités ou de charges au sein des communautés, et ils sont d'origine hébraïque (ex. *Cohen* = prêtre ; *Lévy* = auxiliaire du culte ; *Hazan* = chantre ; *Dayân* = juge ; *Sofer* = notaire ; *Gabay* = collecteur de taxes). Beaucoup plus nombreux sont les noms qui dérivent d'activités profanes.

On ne s'étonnera pas que ces activités, artisanales et commerciales, que les juifs exerçaient en relation avec des musulmans, soient désignées par des termes empruntés à la langue arabe. Ces noms de métier se présentent généralement sous une forme analysée dans toutes les grammaires arabes, comportant le redoublement de la deuxième lettre du radical qui est suivie d'un *alif* (ex. *Haddâd*, forgeron ; *Najjâr*, menuisier ; *Khayyât*, tailleur). Mais ils peuvent se présenter aussi sous une autre forme (ex. *Bû-dûssa*, colporteur ; *Juwâhrî*, joaillier ; *Turjmân*, interprète).

Aux noms de métier d'origine arabe se sont ajoutés quelques noms de métier d'origine italienne (ex. *Astrologo* = astrologue ; *Funaro* = cordier ; *Spizzichino* = brocanteur). Ceux-ci nous donnent quelques indications sur le rôle des juifs dans leur pays d'origine, avant leur migration, alors que ceux-là témoignent des activités exercées, par les juifs, dans la société traditionnelle, de temps immémorial.

d – les surnoms

Une dernière catégorie de noms de famille est constituée par les surnoms, ou sobriquets. Une fois donnés à tel ou tel individu, avec quelque raison, ils se sont transmis de père en fils, de génération en génération, parce qu'ils présentaient l'avantage appréciable de mieux individualiser les membres d'une lignée.

L'usage de donner des surnoms était encore très répandue, de notre temps, dans la société tunisoise, et nous n'avons pas de peine à nous rappeler ceux qui avaient été donnés, non sans malice, à plus d'un[11]. Ces surnoms, donnés *intuitu personae*, disparaissaient avec ceux qui en avaient été affublés. Mais il fut un temps où les surnoms survivaient à ceux qui les avaient reçus, pour devenir des noms de famille.

Comme les surnoms qui sont devenus des noms de familles musulmanes, les surnoms qui sont devenus des noms de familles juives peuvent se répartir en un certain nombre de classes.

1°. Certains surnoms ont été inspirés par des particularités physiques, ex. : *Tuwîl* = le long, *Seghîr* = le petit, *Besnaynu* = le dentu, *Shellî* = le gaucher, *Bû-shûsha* = l'homme à la houppe, *Lakhal* = le noir, *Bû-rjal* = l'homme à un seul pied. A ces surnoms d'origine arabe, on peut ajouter des surnoms d'origine berbère (ex. *Buhbot* = le pansu, *Melloul* = le blanc), espagnole (ex. : *Moreno* = le brun, *Calvo* = le chauve, *Gabison* = la grosse tête), ou italienne (ex. : *Pansieri* = le ventripotent, *Rossi* = le roux).

2°. D'autres surnoms ont été inspirés par des traits de caractère, ex. *Abûhaba* = généreux ; *Fhal* = viril ; *Haqqûn* = véridique ; *Halimî* = doux ; *Na'îm* = bienfaisant : *Sabbâh* = matinal ; *Wâqî* = dévot. A ces surnoms d'origine arabe, on peut ajouter des surnoms tirés de l'hébreu (ex. : *Hassid* = pieux), de l'espagnol (ex. : *de Paz* = de Paix ; *Lumbroso* = illustre ; *Mosnino* = charitable), ou de l'italien (ex. *Arditti* = hardi ; *Eminente* = éminent ; *Forti* = courageux).

3°. D'autres surnoms sont constitués par des métaphores. On ne sait quel ancêtre a paru présenter quelque analogie avec un animal (ex. : *'Allouch* = agneau ; *Duyyeb* = chacal ; *Ganûna* = lapin ; *Ghozlân* = gazelle(s) ; *Labi* = lion ; *Zebi* = cerf), avec un arbre (ex. : *Frîwa* = noisetier ; *Zâna* = chêne zéen ; *Zaytûn* = olivier), avec une plante (ex. *Shamâma* = rhapontic acaule, *Sûsân* = lys, *Khoshkhâsh* = pavot) ou avec une substance parfumée (ex. *Nataf* = résine odoriférante, *Jâwî* = benjouin, *Mesk* = musc). De ces métaphores empruntées à la langue arabe ou à la langue hébraïque, on peut en rapprocher d'autres empruntées aux langues romanes (ex. *Carvalho* = chêne, *Gatinho* = petit chat).

4°. D'autres surnoms correspondent à des métonymies du signe distinctif pour la personne. Des hommes ont été désignés par quelque objet précédé de

---

11. Ces surnoms pouvaient être tirés de la langue arabe, ex. C*** dit *Brayma*, c. à d. « petite marmite », en raison de sa petitesse et de sa rondeur. Mais ils pouvaient l'être aussi du français, ex. H*** dit « citoyen » en raison de ses talents de tribun, ou de l'italien, ex. B*** dit « conte Piombo » en raison de sa lourde suffisance.

la particule *bû*, que l'on traduit par « l'homme à » (ex. *Bû tbûl* = « l'homme aux tambours », *Bû khors* = « l'homme aux boucles d'oreille »). Il faut, croyons-nous, sous-entendre la particule *bû* pour comprendre des noms de famille qui se confondent avec les noms des objets les plus divers, ex. : *Beshmat*, biscuit ; *Hayk* = voile ; *Shemla* = ceinture ; *Tartûr* = grand bonnet ; *Tebeqa* = corbeille. Pour une raison qui nous échappe, ces objets sont devenus des signes distinctifs, qui ont servi à identifier un homme et toute sa postérité !

5°. D'autres surnoms dérivent des appellations affectueuses que l'on donne aux enfants dans les premières années de leur vie (ex. : *Mammî* = mon petit ; *Ma'azûz* = bien-aimé ; *Stîwî* = petit hivernal), ou des vœux que l'on formule à la naissance d'un enfant (ex. : *Y'aysh* = « qu'il vive » ; *Yom-tob* = « qu'il soit né un bon jour » ; *Marzûk* = « qu'il soit chanceux » ; *Slâma* = « qu'il grandisse dans la paix » ; *Sa'âda* = «que le ciel lui accorde une vie heureuse »). A ces expressions votives en hébreu ou en arabe, s'en sont ajoutées d'autres en espagnol ou en italien, ex. : *Benvenisti* = « sois le bienvenu », *Ventura* = « chance », *Trionfo* = « triomphe ». Signalons enfin quelques surnoms à caractère apotropique : chez les juifs comme chez les musulmans, il était d'usage de soustraire un enfant au mauvais œil en le qualifiant de façon dépréciative (ex. : *Aswiyed* = « noiraud ») ou en lui donnant un nom de poisson (ex. : *Jarrâfa* = « daurade »).

Pour ne pas alourdir cette esquisse, nous n'avons pas cité tous les noms qui seront analysés dans les pages qui suivent. Mais nous avons donné assez d'exemples pour que l'on puisse entrevoir leur diversité et comprendre leur genèse.

III. Les noms et l'histoire

Notre enquête a porté sur les noms en usage de nos jours et dont témoigne une documentation surabondante de l'époque coloniale. Nous nous sommes d'abord attaché à en établir l'origine et le sens, reprenant à notre compte des étymologies communément reçues ou en proposant de nouvelles, quand elles nous paraissaient plus satisfaisantes, en nous efforçant de rendre compte de noms demeurés impénétrables. Mais nous n'avons pas cru pouvoir nous borner à établir avec le plus de précision possible l'origine et le sens de quelques centaines de noms de famille avec toutes leurs variantes. Comme l'ont fait M. Eisenbeth pour l'onomastique nord-africaine et A. Laredo pour l'onomastique marocaine, nous avons remonté le cours du temps, sinon pour établir la date d'apparition des divers noms, du moins pour réunir des preuves de leur existence, un, deux, ou trois siècles avant le nôtre.

Nous avons mis à contribution les principaux recueils de documents qui constituent, pour les historiens de la Tunisie, des sources inépuisables. Nous n'avons trouvé dans le recueil de E. Plantet qu'un petit nombre de patronymes juifs[12]. En revanche, un dépouillement attentif du recueil de P. Grandchamp nous a permis de relever des dizaines de noms, dont l'existence se trouve ainsi attestée de façon certaine au XVIIe siècle et même, parfois, dès la fin du XVIe siècle[13]. Ce sont, pour la plupart, des noms de juifs de la Péninsule ibérique, auxquels le Grand Duc de Toscane, Ferdinand 1er, avait permis de s'établir à Livourne, à la fin du XVIe siècle, et qui n'ont pas tardé à jeter les bases de relations commerciales avec l'Afrique du Nord, et à y créer des colonies très actives. Dans les actes du Consulat de France à Tunis, analysés par P. Grandchamp, on rencontre bien souvent au fil des pages des noms de «Livournais» (ex. : Alcalaî, Calvo, Castro, Carvalho, Henriquez, Lara, Léon, Luisada, Lumbroso, Medina, Ossuna, Silvera, Spinoza, Valensi). Cette fréquence est due au rôle qu'ils jouent alors dans la vie économique du pays. Mais outre ces nouveaux-venus dont le nom atteste l'origine ibérique, on rencontre des juifs indigènes dont le nom témoigne d'un enracinement séculaire en milieu arabe (ex. : Attal, Boutboul, Khalfon, Nejjâr, Sa'adoun, Sedbon, Zarka), et qui remontent sans doute au Moyen Age.

En plus de ces grands recueils, nous avons consulté un certain nombre de publications d'intérêt général, dans lesquelles nous avons rencontré un bon nombre de patronymes juifs d'origine italienne, française ou autre, dont la présence s'est trouvée ainsi attestée au cours du XIXe siècle[14].

Dans ces sources externes, nous n'avons rencontré qu'une faible partie des noms de famille en usage de notre temps. Nous en avons retrouvé un nombre bien plus élevé dans des sources internes à la communauté juive, qui nous informent de sa vie intellectuelle ou de sa vie privée.

a – D. Cazès a consacré une étude à la littérature judéo-tunisienne dans laquelle il a analysé toutes les œuvres en langue hébraïque, qui ont été composées et publiées par de savants rabbins du pays. Elle nous a fourni des dizaines de noms dont l'existence est attestée au XVIIIe et au XIXe siècle[15].

b – R. Arditti a consacré une étude aux inscriptions funéraires de l'ancien cimetière israélite de Tunis – qui complète sur plus d'un point l'étude de D. Cazès. Elle nous a fourni des noms de savants et de notables, dont l'existence n'est pas seulement attestée mais encore fixée avec précision par une

12. E. PLANTET, *Correspondance des Beys de Tunis et des Consuls de France avec la Cour (1574-1830)*, Paris, 1893-1899, 3 vol.

13. P. GRANDCHAMP, *La France en Tunisie au XVIIe siècle. Inventaire des archives du Consulat de France à Tunis*, Tunis, 1920-1933, 10 vol.

14. P. GRANDCHAMP, « Notables français à Tunis de 1592 à 1881 » dans *Revue Tunisienne*, 1942, pp. 201-242 — C. MASI, « Chronique de l'ancien temps (1815-1859) » dans *Revue Tunisienne* 1935, pp. 83-132 — Ch. CUBISOL, *Notices abrégées sur la Régence de Tunis*, Paris, 1867.

15. D. CAZES, *Notes bibliographiques sur la littérature judéo-tunisienne*, Tunis, 1893.

date de décès, gravée dans la pierre[16].

c – A ces sources internes, déjà anciennes, une nouvelle est venue s'ajouter tout récemment. Elle est constituée par l'analyse des *Ketûbbot*, c'est à dire des contrats de mariage, transcrits sur les registres de la communauté portugaise de Tunis, réalisée par R. Attal et J. Avivi[17]. En relevant le nom de l'époux et le nom de l'épouse d'un millier d'unions matrimoniales, du XVIIIe et du XIXe siècle, datées avec précision, les auteurs ont procuré la meilleure source d'informations existant à ce jour sur l'onomastique des juifs de Tunisie. Bien qu'il s'agisse de contrats de mariage transcrits sur les registres de la communauté portugaise, on n'y trouve pas seulement des noms de juifs d'origine espagnole, portugaise ou italienne, faisant partie de la communauté dite « portugaise », mais aussi des noms de juifs indigènes faisant partie de la communauté dite « tunisienne ». Au cours de la période que couvrent les registres analysés, c'est à dire de la fin du XVIIIe siècle à la fin du XIXe siècle, les mariages mixtes étaient déjà fréquents entre *Grâna* et *Twânsa*, entre « Livournais » et « Tunisiens », et les contrats enregistrés à la communauté portugaise nous informent des noms des uns et des autres. Aussi cet ouvrage nous apporte la preuve de l'existence d'un grand nombre de noms, au cours du XIXe siècle et même du XVIIIe siècle – sur la base de documents irrécusables.

Sources externes et sources internes nous ont permis d'établir la plus ou moins grande ancienneté des noms en usage de notre temps. Mais nous avons cru utile, aussi, à propos de chaque nom, de faire mention de ceux qui l'ont illustré de quelque manière. Nous avons donc consacré de courtes notices aux rabbins du XVIIIe et du XIXe siècle qui ont attaché leur nom à d'importants ouvrages en langue hébraïque, dont D. Cazès a dressé la précieuse bibliographie[18]. Nous avons fait état des écrivains et journalistes qui ont pris une part active au développement de la littérature et de la presse en judéo-arabe – c'est à dire en arabe transcrit en caractère hébreux – qui ont fait l'objet d'une étude d'ensemble par E. Vassel[19]. Nous avons aussi voulu rappeler tous ceux qui ont exercé la charge de grand-rabbin de Tunisie, qui ont assumé la gestion des institutions communautaires, qui ont représenté l'ensemble de leurs coreligionnaires auprès des autorités ou qui par leur action et leurs écrits ont apporté une contribution à l'évolution de leur communauté[20].

---

16. R. ARDITTI, « Les Epitaphes rabbiniques de l'ancien cimetière israélite de Tunis » dans *Revue Tunisienne* 1931, pp. 105-119 et 405-411 ; 1932, pp. 99-111.
17. R. ATTAL et J. AVIVI, *op. cit.*
18. D. CAZES, *op. cit.*
19. E. VASSEL, *La Littérature populaire des israélites tunisiens* dans la *Revue Tunisienne* 1904-1907 et en volume séparé, E. Leroux, Paris, 1908. Cf. D. HAGEGE, *La Littérature judéo-arabe tunisienne,* Sousse, 1939 (en judéo-arabe).
20. Nos principales sources ont été : P. LAMBERT, *Dictionnaire illustré de la Tunisie,* Tunis, 1912. – A. ARROUAS, *Livre d'or. Figures d'hier et d'aujourd'hui,* Tunis, 1932 – ID., *Livre d'or,* 2ème éd. Tunis, 1942. – R. ATTAL, *Autographes et signatures de juifs tunisiens*, Jérusalem, 1988.

Nous n'ignorons pas que de nombreux noms de juifs de Tunisie se rencontrent dans d'autres pays. a) les noms d'origine hébraïque se retrouvent, sous des formes diverses, dans tous les pays où des juifs se sont installés au cours des âges. b) les noms d'origine arabe – qu'il s'agisse de noms individuels, de noms de métier ou de surnoms – se retrouvent avec des variantes dans les autres pays du Maghreb, où des formes voisines d'arabe dialectal sont en usage[21]. c) les noms d'origine espagnole ou portugaise – qu'il s'agisse de noms individuels, de noms d'origine ou de surnoms – se retrouvent dans tous les pays qui ont accueilli des juifs séfarades après les expulsions de la fin du XVe siècle (France, Pays Bas, Italie, Empire ottoman)[22]. d) les noms d'origine italienne – qu'il s'agisse de toponymes, de noms de métier ou de surnoms – se retrouvent dans les villes de la Péninsule et dans les colonies italiennes de l'étranger[23]. Mais nous ne pouvions étendre notre enquête à tous les pays où se retrouvent les noms en usage en Tunisie, en faisant mention de tous les hommes de mérite qui ont pu les porter, sous peine de commettre mille erreurs, et nous avons limité notre enquête au pays qui nous était le plus familier.

L'étude attentive de l'onomastique des juifs de Tunisie nous aura permis d'y distinguer trois principales strates qui se sont superposées dans le temps.

1. Les noms en usage sont pour la majeure part d'origine hébraïque ou arabe. En affirmant l'origine hébraïque, difficilement contestable, d'un certain nombre de noms, nous ne voulons pas sous-entendre que ceux qui les portent sont des juifs de souche, qui se sont transmis, de génération en génération, les noms de leurs ancêtres venus de Judée. Ces noms signifient seulement que des hommes attachés aux croyances et aux pratiques du judaïsme ont été portés à tirer de l'Ancien Testament les noms qu'ils devaient donner à leurs enfants, et que ces noms individuels ont fini par se transformer en noms patronymiques. Quant aux noms d'origine arabe, ils s'expliquent par des siècles de vie parmi des populations arabisées. Parlant la langue de la majorité musulmane, la minorité juive en a partagé dans une large mesure la culture profane, et on retrouve parmi les juifs des noms de familles – qu'il s'agisse de noms individuels, de noms d'origine, de noms de métier ou de surnoms – tout proches de ceux que l'on rencontre parmi les musulmans[24]. Ainsi, les

---

21. De nombreux noms de famille en usage en Tunisie se rencontrent en Libye, ex. Arbib, Atton, Barda, Bedoucha, Farjon, Haddad, Haggiaj, Hassan, Makhlouf, Mimoun, Naïm (v. R. DE FELICE, *Ebrei in un paese arabo,* Bologna, 1978, v. Index).

22. On retrouve dans l'Empire ottoman des juifs portant les noms de Albo, Bueno, Cardoso, Carmona, Castro, Franco, Henriquez, Herrera, Lumbroso, Medina, Moreno, Nunes, Paz, Perez, Pinto, Rodriguez, Rosa, Soria (v. M. FRANCO, *Essai sur l'histoire des Israélites de l'Empire ottoman,* Paris, 1897, v. pp. 284-285).

23. Avant la révolution nasserienne, on rencontrait parmi les juifs du Caire et d'Alexandrie un certains nombre de juifs italiens qui portaient les noms de Benveniste, Luzzato, Morpurgo, Sonsino (cf. M. FARGEON, *Annuaire des juifs d'Egypte et du Proche-Orient,* Le Caire, 1943, v. pp. 261 sqq.).

24. P. MARTY, « L'onomastique des noms propres de personne » dans *Revue des études islamiques,* 1936/4, pp. 363-432.

noms d'origine hébraïque et d'origine arabe constituent le fond de l'onomastique des juifs de Tunisie.

2. A ces noms sont venus s'ajouter, après les expulsions de la fin du XVe siècle, des noms d'origine espagnole ou portugaise[25]. Des hommes, qui jusque-là avaient porté des noms d'origine hébraïque – noms de patriarches, de rois ou de prophètes, noms théophores ou noms votifs dans la langue des Saintes Ecritures –, dès qu'ils eurent pris le chemin de l'exil, adoptèrent des noms d'origine espagnole ou portugaise – noms individuels, noms de lieux ou surnoms – que l'on n'a pas de peine à reconnaître et à élucider[26]. On ne peut distinguer les noms de ceux qui vinrent directement de la Péninsule ibérique, après les édits d'expulsion – de 1492 pour l'Espagne, de 1497 pour le Portugal – de ceux qui vinrent s'établir en Tunisie à partir de la fin du XVIe siècle : descendants de Marranes qui avaient trouvé à Livourne un premier refuge[27]. Les uns et les autres, que l'on retrouve dans toute la diaspora séfarade, ont constitué une deuxième strate de l'onomastique des juifs de Tunisie.

3. Une troisième strate est venue se superposer qui est constituée par des noms d'origine italienne. Ces noms sont portés aujourd'hui encore par des juifs italiens de la Péninsule. Il s'agit de noms de villes, où des communautés juives s'étaient établies, de noms de métier ou de surnoms qu'il est aisé d'élucider[28]. Ces noms d'origine italienne se sont multipliés en Tunisie, au cours du XIXe siècle, après l'additif apporté le 2 novembre 1846 au traité tuniso-toscan du 11 octobre 1822 qui permit aux juifs toscans de demeurer sous la protection du Grand-duc de Toscane quelle que fût la durée de leur séjour dans la Régence de Tunis[29]. Mais nombre d'entre eux avaient fait leur apparition dans les dernières années du XVIIIe siècle[30].

4. Des migrations plus ou moins récentes ont apporté quelques nouvelles touches à l'onomastique tunisienne. Des juifs venus d'Algérie ont introduit

25. B. LEROY, *L'Aventure séfarade. De la péninsule ibérique à la diaspora,* Flammarion, Paris, 1991.

26. Notre principal instrument de travail a été : Rz. NAVAS, *Diccionario completo della lengua castillana,* Madrid, s. d.

27. C. ROTH, « Notes sur les Marranes de Livourne » dans *Revue des études juives,* 1931, pp. 1-27 – M. EISENBETH, « Les Juifs en Algérie et en Tunisie à l'époque turque (1516-1830) » dans *Revue africaine* XCVI, 1952, pp. 114-187 et 343-384, v. pp. 155-163, cf. P. S., *Histoire...*, pp. 80-82..

28. Nous avons mis largement à contribution : E. DE FELICE, *Dizionario dei cognomi italiani,* Mondadori, Milano, 1992

29. C. MASI, « Fixation du statut des sujets toscans israélites dans la Régence de Tunis », trad. P. Grandchamp, dans *Revue tunisienne* 1938, pp. 115-179 et 323-342, cf. P. S., *Histoire...*, pp. 110-112.

30. Parmi les noms italiens attestés dès la fin du XVIIIe siècle, on peut citer : Forti (1790), Lussato (1791), Piperno (1793), Cesana (1794), Finzi (1794), Disegni (1795), Cariglio (1796), Sonsino (1799), cf. R. ATTAL et J. AVIVI, *op. cit.,* v. Index.

des noms d'origine arabe, transcrits selon le système de translittération qui y était alors en usage (ex. : Djami, Djaoui, Guedj, Hadjadj) ; des juifs venus de la Métropole y ont introduit des noms caractéristiques du sud-ouest (ex. Carcassone), du Comtat-Venaissin (ex. Mossé), d'Alsace-Lorraine (ex. Bloch, Dreyfus, Fischel, Lehmann, Strauss, Weil)[31]. Dans l'entre-deux-guerres, des juifs chassés d'Allemagne par le nazisme y ont introduit des noms allemands (ex. Neumann, Steinitz). A peu près à la même époque, des juifs venus d'Europe centrale y ont introduit des noms polonais (ex. Jacubovicz), hongrois (ex. Szekely) ou russes (ex. Litvinoff)[32]. Mais ces nouveaux venus ont eu à peine le temps de s'intégrer à la communauté formée par l'ensemble des juifs établis dans le pays depuis un, deux ou trois siècles, ou dont les origines se perdaient dans la nuit des temps.

IV. Plan et présentation de l'ouvrage

Il nous reste à dire quelques mots sur la manière dont nous avons présenté les résultats de notre enquête.

Nous avons regroupé toutes les variantes et toutes les dérivations d'un même nom , pour en faire l'objet d'un seul article. Mais on retrouvera aisément à leur place dans l'ordre alphabétique tous les noms que nous avons étudiés, avec renvoi éventuel à l'article dans lequel ils ont été avec d'autres regroupés.

Dans chaque article, nous avons donné dans l'ordre : a – le nom avec toutes ses variantes et ses dérivations, dans l'ordre alphabétique ; b – son étymologie, en caractères hébreux pour les noms d'origine hébraïque, en caractères arabes pour les noms d'origine arabe, en caractères latins pour les noms d'origine espagnole, italienne ou autre ; c – la traduction du mot-clef assortie de références aux ouvrages que nous avons consultés ; d – les témoignages que nous avons pu retrouver sur l'existence de ce nom à une date plus ou moins reculée ; e – les notabilités qui, à diverses époques, ont illustré ce nom par leur action ou leurs écrits.

Nous avons cru utile pour faciliter la consultation de cet ouvrage, d'y inclure un lexique où l'on trouvera l'explication de quelques termes de linguistique et d'onomastique. Nous y avons ajouté une liste de tous les ouvrages que nous avons consultés, pour permettre à ceux qui le voudront de contrôler l'exactitude de nos analyses et de reprendre notre enquête au point où nous avons dû la laisser.

P. S.

---

31. On retrouve les noms des juifs originaires de la Métropole dans : A. DAUZAT, *Dictionnaire étymologique des noms de famille et des prénoms de France*, Larousse, Paris, 1951.
32. Nous avons consulté avec profit : L. HERZ, *Dictionnaire étymologique des noms de famille français d'origine étrangère*, L'Harmattan, Paris, 1997.

Nous voulons remercier tous ceux que nous avons consultés, qui nous ont aidé par leurs objections et leurs suggestions, et plus particulièrement Georges Valensi, Itshaq Avrahami et Avram Udovitch, ainsi que notre vieil ami Robert Attal qui nous a fait bénéficier, plus d'une fois, de sa connaissance inégalée de la bibliographie du judaïsme nord-africain.

LEXIQUE

Pour faciliter la lecture de ce dictionnaire, nous avons cru utile de rappeler le sens d'un certain nombre de termes de linguistique et d'onomastique.

AGGLUTINATION (du bas latin *agglutinatio*). Réunion en un seul mot de deux éléments lexicaux originellement distincts. Dans certains noms de famille, on constate l'agglutination d'un article à un substantif. Dans l'onomastique nord-africaine, l'agglutination est généralement masquée par l'assimilation du *lam* de l'article, ex. *al-sayyâgh* devient assayyâgh transcrit Essayyâgh ; ou par une contraction : *al-'allûsh* devient Lallûsh transcrit Lellouch ; *al-'allûf*, Lallûf transcrit Lellouf ; *al-wazzân*, l'wazzân transcrit Louzoun.

APHERESE (du grec *aphœresis*). Chute d'une lettre ou d'une syllabe au début d'un nom. Ex. Licha pour *Elisha'*, Chaya pour *Ishayah*, Strologo pour *Astrologo*, Seknazi pour *Askenazi*.

ADJECTIF RELATIF. Adjectif exprimant une relation avec une personne. De nombreux patronymes sont des adjectifs relatifs formés à partir d'un nom hébraïque, ex. *Zerahî* = de la famille de Zerah, *Fratî* = de la famille d'Ephraïm, ou d'un nom arabe, ex. *'Allâlî*, de la famille de 'Allâl, *Marwânî* = de la famille de Marwân.

ANTHROPONYMIE (du grec *anthropos*, homme et de *numos*, nom). Partie de l'onomastique qui étudie les noms propres de personne.

APOCOPE (du grec *apocopa*). Chute d'une lettre ou d'une syllabe à la fin d'un mot, ex. *Amanu* pour Emmanuel, *Dânî* pour Daniel.

APOTROPIQUE (du grec *apo*, marquant l'éloignement, et *tropos*, direction). Qui a la propriété de détourner les influences malignes. Pour conjurer le mauvais œil, on donne souvent à un nouveau-né un nom dépréciatif, ex. *Wusîf* ou son diminutif *Wusayyef*, un nom dérivé du nombre cinq et ayant le même pouvoir prophylactique que la main, ex. *Khammûs* et son diminutif *Khmîmes*, ou encore le nom d'un poisson ayant le même pouvoir prophylactique que le poisson lui-même, ex. *Hûta* et son diminutif *Huwîta*. Une intention apotropique est à l'origine de certains noms de famille, ex. : *Kahlûn*, noiraud, *Zarrâfa*, daurade.

ASSIMILATION. Fait de langue en vertu duquel une lettre se prononce comme celle qui la suit. En arabe, le *lam* de l'article *al-* est assimilé à la première lettre du mot qu'il définit toutes les fois que ce mot commence par une dentale (*ta, ta, dal, dâd, da, sad, sîn, shin* et *zin*) ou une labiale (*nun, lam* et *ra*). Cette règle rend compte de la transcription usuelle de certains noms, ex. : *al-Sûs* se prononce as-sûs et a été transcrit Assous ; *al-Sarrâf* se prononce as-sarrâf et a été transcrit Assarrâf.

AUGMENTATIF. mot formé à partir d'un autre mot et qui en renforce le sens. En arabe, l'augmentatif d'un mot est obtenu par l'adjonction à ce mot du suffixe *ûn*, ex. : *farj* = joie, *farjûn* = grande joie ; *sa'd* = bonheur, *sa'dûn* = grand bonheur.

DEGLUTINATION (de *de* et *agglutination*). Séparation d'une lettre ou d'une syllabe faisant partie d'un mot, que l'on détache de ce mot par erreur, ex. : l'ethnique *Lankrî*, correspondant à la ville de Lancara, et devenu *Ankrî*, parce que l'on a pris sa lettre initiale pour le *lam* de l'article.

DIMINUTIF. Mot formé à partir d'un autre mot et qui en affaiblit le sens. En arabe, le diminutif d'un mot est obtenu en intercalant la lettre *ya* entre la deuxième et la troisième lettre du radical, ex. : *mesk*, musc, *msîka*, petit musc. Si la deuxième lettre du radical est un *ya*, celle-ci est doublée, ex. : *dîb'*, chacal, *duyyeb'*, petit chacal (L. Machuel, *Grammaire élémentaire d'arabe régulier*, Alger, 1892, pp. 142-144 ; D. Cohen, *Le Parler arabe des juifs de Tunis. II. Etude linguistique*, La Haye - Paris, 1975, pp. 204-208).

ETHNIQUE (du grec *ethnicos*, relatif à un peuple). Variété d'adjectif relatif exprimant la région, le pays ou la ville d'origine d'une personne. En hébreu comme en arabe, l'ethnique se forme à partir du nom de la région, du pays ou de la ville d'origine, auquel on ajoute un *yod* ou un *ya* final. Exemples d'ethniques : à partir de l'hébreu : *Mizrahî*, oriental, *Hararî*, montagnard, *Lahmî*, originaire de Beth-Lehem ; à partir de l'arabe : *Sharqî*, oriental, *Jabâlî*, montagnard, *Fâsî*, originaire de Fès.

FILIATION. Lien de parenté unissant l'enfant à son père (filiation paternelle) ou à sa mère (filiation maternelle). En arabe, la filiation est exprimée par l'indice *ibn* ou *ben*, ex. Ben 'Attiya, le fils de 'Attiya. L'indice de filiation *ben*, suivi de l'article *al*, se contracte en *bel*, ex. Ben al-'Aysh devient Bel 'Aïsh, le fils de 'Aysh, d'où le nom Bellaïche. De nombreux noms de famille sont constitués par le nom du père auquel l'indice de filiation a été agglutiné, ex. *Benmoussa*, le fils de Moussa, *Bensimon*, le fils de Simon, *Benhassen*, le fils de Hassen. La filiation est indiquée en italien par la préposition *di*, ex. *Di Vittorio*, le fils de Vittorio, en espagnol par le suffixe *ez*, ex. *Henriquez*, le fils de Henrique, en portugais par la terminaison *es*, ex. *Nunes*, le fils de Nuno. Parfois, du père, on ne retient pas le nom mais la profession, qui est précédée de l'indice de filiation, ex. *Berrebi*, le fils du rabbin, *Benattar*, le fils du droguiste, *dello Strologo*, le fils de l'astrologue.

HYPOCORISTIQUE (du grec *hupokoristicos* = caressant). Se dit d'un nom exprimant un sentiment affectueux. Le terme s'applique à des diminutifs de formation régulière, et à des appellations tendres. Des noms de famille correspondent à des diminutifs, ex. *Dîdî* (diminutif de David), *Shmîla* (diminutif de Samuel) ou à des appellations tendres, ex. : *Mammî*, « mon petit » ; *Hashkî*, « mon désir » ; *Farjûn*, « grande joie ».

MATRONYME (du grec *mater*, mère, et de *numos*, nom). Si la plupart des noms de famille sont des patronymes (correspondant au nom du père), il en est qui sont des matronymes (correspondant au nom de la mère), ex. : *Malika* = reine ; *Qâbla* = sage-femme ; *Ghouila* = petite ogresse.

MÉTAPHORE (du grec *meta*, au delà, et *pherein*, porter = transposition). Figure de rhétorique ou procédé de langage qui consiste à remplacer un terme par un autre, en raison d'une analogie plus ou moins évidente. De nombreux patronymes sont des métaphores comparant un individu à un animal (ex. *'Allûsh* = agneau, *Ganûna* = lapin, *Twîtû* = petit merle, *Fellûs* = poussin), à un végétal (ex. *Zaytûn* = olivier, *Zâna* = chêne zéen, *Sûssân* = lys), à un minéral (ex. *Hadîda* = fer), ou à une substance odoriférante (ex. *Jâwî* = benjouin, *Nataf* = aromate, *Msîka* = musc).

MÉTATHESE (du grec *meta*, au delà, et *thesis*, action de poser). Altération d'un mot par l'interversion de lettres ou de syllabes, ex. Cassuto pour Sacuto (> de l'hébreu *zakût*). Mais ce n'est qu'une hypothèse.

MÉTIER. De nombreux noms de famille sont des noms de métier, dans la langue du pays. En arabe, les noms de métier se forment à partir d'un radical trilitere, par le redoublement de la deuxième lettre et l'intercalation d'un *alif*. Ex. : à partir de la racine *n.j.r.*, le nom de métier sera *najjâr*, menuisier (cf. L. Machuel, *op. cit.*, pp. 141-142 ; D. Cohen, *op. cit.*, t. II, pp. 162-163). Mais il est des noms de métier qui sont formés sur un autre modèle ; à partir d'une racine quadrilitere : intercalation d'un *alif* après la deuxième lettre et adjonction d'un *ya* final, ex. *Brâmlî*, tonnelier, *Juwâhrî*, joaillier, *Harârî*, passementier ; des noms de famille correspondent à des noms de métier dans une langue romane, ex. *Funaro*, cordier, *Platero*, orfèvre, *Spizzichino*, brocanteur.

MÉTONYMIE (du grec *metonymia* = « changement de sens »). Figure de style et procédé de langage par lequel on remplace un terme désignant une réalité par un terme qui en désigne une autre. On substituera la matière à l'objet, l'origine au produit, le contenant au contenu, le lieu à l'activité, le symbole à la fonction. Certains noms patronymiques correspondent à des métonymies où le nom d'un objet remplace celui qui le fabrique, le vend ou le porte, ex. : *Shamla*, « large ceinture » ; *Hâyk*, « voile » ; *Tartûr*, « grand bonnet » ; *Tabeqa*, corbeille. Devant chacun de ces vocables, on peut sous-entendre : « le fabricant de » ou « le marchand de » ou « l'homme à ».

ONOMASTIQUE (du grec *onomasticos*, « relatif au nom »). Etude des noms propres. Elle comprend l'anthroponymie et la toponymie.

PATERNITÉ. Lien de parenté unissant le père à son enfant. En arabe, la paternité est indiquée par la particule *abû* ou *bû*. Un individu peut être défini par l'enfant dont il est le père, *Abû l'-Hassân*, « le père de Hassan ». Quelques noms patronymiques juifs sont formés sur ce modèle, ex. Abeasis pour *Abû 'Azîz*, le père de 'Azîz, Abecassis pour *Abû Qâsîs*, le père de Qasîs. La particule *abû* ou *bû* sert à former de nombreux composés où la notion de paternité est absente. Elle se rend alors en français par « le possesseur de » ou « le maître de » ou « l'homme à » (cf. M. Beaussier, *op. cit.*, p. 70). Des noms patronymiques portés par des juifs comme par des musulmans sont constitués par des mots précédés de la particule *abû* ou *bû*. Ce sont des surnoms ou des sobriquets, ex. *Bû-shûsha*, « l'homme à la houppe », *Bû-hbot*,

« l'homme au gros ventre », *Bû-rjal*, « l'homme à un seul pied », *Bû-jnâh* « l'homme aux ailes » (c. à d. aux vêtements trop amples).

PATRONYME (du grec *pater*, père, et de *numos*, nom). Nom dérivé du nom du père. La plupart des noms de famille sont, en fait, des patronymes.

PROPITIATOIRE (du latin *propitius*, propice). Qui rend la divinité propice. Certains noms donnés à la naissance ont un caractère propitiatoire et visent a assurer au nouveau-né une vie heureuse, ex. l'hébreu *Bellahem* comme l'arabe *Bûkhobza*, voudraient assurer que celui qui le porte ne manquera jamais de pain.

SOBRIQUET (de l'ancien français *soubriquet* : « coup sous le menton »). Surnom donné à une personne pour l'identifier plus aisément. Il peut se référer à une particularité physique (ex. *Tuwîl*, long, *Kharrûbî*, châtain, *Shellî*, gaucher), à un trait de caractère (ex. *Sabbâh*, matinal, *Halîmî*, doux, *Ma'ârek*, batailleur), à une vertu (ex. *Wâqî*, dévôt, *Haqqûn*, véridique, *Mu'âtî*, généreux), à un défaut (ex. *Zaqzaq*, criard, *Ghallûl*, trompeur, *Shetlâwi*, soulard), à quelque fait caractéristique (ex. *Ktorza*, l'homme aux quatorze enfants ?).

THEOPHORE (du grec *théos* et *pherein*, porter). Nom personnel contenant le nom de Dieu. L'enfant considéré comme un « don de Dieu » sera appelé en grec *Théodore*, en latin *Deodatus*, en français *Dieudonné*, en italien *Deodato*, en hébreu *Nathanaël*, en arabe *'Ata Allah*. De nombreux noms hébreux sont des noms théophores où le nom de Dieu est représenté par *El*, ex. *Eleazar, Elisha', Daniel, Samuel*, ou par *Yah*, ex. *Azriyah, 'Obadiyah*. Le nom Adda porté par des juifs est une contraction de 'Abdallah, qui est aussi un nom théophore.

TOPONYME (du grec *topos*, lieu, et *numos*, nom). Nom de lieu. De nombreux toponymes sont devenus des noms de familles qui ont pris le nom de leur pays, de leur région ou de leur ville d'origine. Toponymes maghrébins, ex. *al-Sûs* ; toponymes espagnols, ex. *Soria* ; toponymes français, ex. *Carcassonne* ; toponymes italiens, ex. *Senigallia*.

TRANSLITTERATION (du latin *trans*, au-delà, et *littera*, lettre). Transcription d'un mot, lettre par lettre, d'une écriture en une autre. Réserve faite pour un certain nombre de noms d'origine espagnole ou italienne, les noms de famille des juifs d'Afrique du Nord ont été transcrits de l'hébreu ou de l'arabe en caractères latins. Mais les systèmes de transcription en usage ont varié d'un pays à l'autre et d'une époque à l'autre. La même lettre arabe a été diversement translittérée. Ainsi la lettre *jim* a pu être rendue par j, dj ou gi ; la lettre *ya* par y ou par î ; la lettre *kha* par kh, k ou h ; la lettre *ghayn* par gh ou g. Le même nom originel transcrit en caractères latins a donné des noms diversement orthographiés, ex. *Jâwî* a donné Djaoui, Jaoui et Giaoui.

VOTIF, -IVE (du latin *votivus*, de *votum*, vœu). Qui exprime un vœu. De nombreux noms procèdent des vœux formés par des parents à la naissance de leur enfant, ex. : *Ya'ish*, « qu'il vive », *Marzûk*, « qu'il soit fortuné », *Maymûn*, « qu'il soit heureux », *Mazel-tov*, « bonne chance », Bonan (< de *buon anno*), « qu'il soit né une bonne année », Journo (< de *buon giorno*), « qu'il soit né un bon jour », *Cacoub*, « qu'il soit né sous une bonne étoile ».

LES NOMS

A

ABBOU, BEN ABBOU :
< De l'arabe عبّو *'Abbû*, nom propre masculin, dim. de 'Abd Allâh. Les tolbas arabes écrivent toujours ce nom عبّ *'Abbu* (M. Beaussier, *op. cit.*, p. 631). Ce nom est porté par des juifs comme par des musulmans. Précédé de l'indice de filiation *ben*, donne *Ben 'Abbû* : « le fils de Abbou ».

ABDIAS : V. 'OBADIYAH.

ABEASIS :
< De l'arabe عزيز *'azîz* ; 1°. adj. « cher », « bien aimé » ; 2°. *'Azîz*, nom propre masc. (M. Beaussier, *op. cit.*, p. 657). Précédé de l'indice de paternité *Abû*, donne *Abû 'Azîz*, m. à m. « le père du bien-aimé » ou le « père de 'Azîz ».
Sur une liste des maisons de commerce établies à Tunis en 1865, figure celle de M. de J. Abeasis, de nationalité anglaise (Ch. Cubisol, *op. cit.*, p. 65).

ABECASSIS : V. KASSIS.

ABIB : V. HABIB.

ABITBOL, ABITBOUL, BITBOL, BITBOUL, BOUTBOUL :
< De l'arabe طبل *tabal*, plur. طبول *tabûl*, « tambour » (M. Beaussier, *op. cit.*, p. 599). Précédé de l'indice de paternité *Abû*, donne *Abû tabûl*, m. à m. « l'homme aux tambours ». Cette appellation a pu s'appliquer à un fabricant ou à un marchand de tambours.
Ce nom est attesté à Tunis au début du XVIIIe siècle. Un acte du Consulat de France, en date du 26 mars 1701, fait mention des « Frères Boutboul » (P.G., *op. cit.*, t. X, p. 11).

ABOUAB, ABOUAF :
< De l'arabe أبو هبة *Abû haba* pour أبو وهبة *Abû wahaba*, m. à m. « l'homme aux dons », « le généreux », « le munificent » (M. Beaussier, *op. cit.*, p. 1086). Surnom devenu patronyme.

ABOUJDID :
< De l'arabe جديد *jadîd*, « nouveau » (M. Beaussier, *op. cit.*, p. 132). Précédé de l'indice de paternité Abou (pour *Abû*), a donné *Aboujadîd*, m. à m. « le père du nouveau ». Surnom donné à un novateur dans sa profession ou dans son comportement.

ABOULAFIA :
< De l'arabe عافية *'âfiya*, « santé », « bien être », « tranquillité » (M. Beaussier, *op. cit.*, pp. 663-664). Précédé de l'indice de paternité *Abû* et de l'article, donne *Abû al-'âfiya*, c. à d. « l'homme à la belle santé », « l'homme à l'aise » ou « l'homme à la vie tranquille ». Surnom devenu patronyme. Nom porté par des juifs comme par des musulmans.

ABRAHAMI : V. BRAMI.

ACHOUR :
< De l'arabe عاشور *'Ashûr*, nom propre masc. (M. Beaussier, *op. cit.*, p. 655). Nom individuel devenu patronyme, porté par des juifs comme par des musulmans.

ADDA :
< De l'arabe عدّة *'Adda*, nom propre masc. Contraction de *Abdallâh*, « serviteur de Dieu » (M. Beaussier, *op. cit.*, p. 637).

Nom attesté à Tunis au XIXe siècle. *Ketubbah* de Meïr Hay, fils de Salomon Lussato, et de Reine, fille de Juda Adda, en date du 12 juin 1853 (*Registres matrimoniaux II*, n° 231).

ADDAD, ADDED : V. HADDAD.

ADDAOUI, EL-ADDAOUI :
< De l'arabe الدوّي *al-duwway*, « le discoureur », « le bavard » (M. Beaussier, *op. cit.*, p. 359 ; cf. D. Cohen, *op. cit.*, t. II, p. 68 : « duwway »).

< De l'arabe داوي *dâwî*, part. prés. du verbe دوى *dawâ*, « apporter remède », « soigner » (M. Beaussier, *op. cit.*, p. 359). Précédé de l'article *âl* donne *âl-dâwî* ou *âddâwi* « le guérisseur », « le soigneur ».

Le rabbin tunisois Moïse b. Samuel Eladdaoui a laissé un ouvrage intitulé Beni Shamuel *(« Le Fils de Samuel ») imprimé à Livourne en 1759 (D. Cazès,* Notes bibliographiques..., *p. 152).*

ADI, ADY, BEN-ADI. BEN-ADY :
< De l'arabe عدّي *'Addî*, nom propre masculin. Contraction de *'Abdallâh*, « serviteur de Dieu » ? Précédé de l'indice de filiation *ben*, donne *Ben-Addi* « le Fils de Addi ».

Ce nom est attesté à Tunis au XIXe siècle. *Ketubbah* de Abraham, fils de Samuel Ben-Adi, et de Léa, fille de Moïse Ben-Adi, en date du 24 février 1869 (*Registres matrimoniaux* n° 909).

AÏCH, AÏCHE, BELAÏCH, BELLAÏCHE, BELAÏS, BENAÏS :
< De l'arabe عايش *'âysh*, part. prés. du verbe عاش *'aâsh*, « vivre » = « vivant » (M. Beaussier, *op. cit.*, p. 695). Equivalent arabe de l'hébreu חי *Hay*. Nom à caractère votif. Précédé de l'indice de filiation et de l'article *ben âl-* contracté en *bel* donne *Bel-'âysh*, m. à m. «le fils du vivant», diversement transcrit.

Ce nom est attesté à Tunis au début du XVIIIe siècle. Un acte du Consulat de France, en date du 25 janvier 1705, fait mention d'un juif de Tunis, dénommé Abram Belisse (= Abraham Bellaïche). P.G., *op. cit.*, t. X, p. 50.

Au XVIIIe siècle, *Ketubbah* de Joseph, fils de Abraham Bellaïche, et de Reine, fille de Juda Perès, en date du 10 juillet 1788 (*Registres matrimoniaux* n° 6).

Haïm Bellaïche a succédé à David Ktorza dans les fonctions de grand-rabbin de Tunisie, et les a exercées de 1939 à 1947 (P. S., Histoire..., *p. 220, n. 94).*

AÏDAN, AYDAN :
< De l'arabe عيّد *'ayyed*, « célébrer une fête » (M. Beaussier, *op. cit.*, p. 693). *'Aydân* pourrait être un participe présent ou un adjectif verbal (cf. *atshân*, « assoiffé », *ghodbân* « en colère ») et signifier « noceur », « fêtard ».

< Du nom d'une tribu de la Haute Steppe, les *Awlad 'Aydân*, dans le caïdat des Fraichich (*Nomenclature et répartition des tribus en Tunisie*, P. 1900, p. 251).

Nom attesté à Tunis au XIXe siècle. *Ketubbah* de Baruch, fils de Israël Aydan et de Esther, fille de Raphaël De Pas, en date du 23 juin 1852 (*Registres matrimoniaux II*, n° 208).

David b. Moshé Aydan (1873-1954) a créé la première imprimerie hébraïque à Djerba, au cours de l'année 1912 (R. Attal, « Djerba, centre de diffusion du livre hébraïque », 1982, pp. 470-1).

AKKOUN, AKOUN : V. HACCOUN.

ALBALA :
< De l'arabe بالة *bâla*, « pelle », « bêche » (M. Beaussier, *op. cit.*, p. 29). Précédé de l'article, a donné *âl-bâla*.

ALBOU :
< De l'espagnol *albo*, signifiant « blanc » (R. Navas, *op. cit.*, p. 86). Surnom donné à un individu blanc de peau ou albinos, devenu patronyme.

ALCALAÏ :
< Du nom de lieu *Alcala de Henares*, ville espagnole de Castille, près de Madrid.

< Du nom de lieu *Qala' des Benî Hammâd*, ville du Constantinois.

Dans un cas comme dans l'autre, le nom *Alcalaî* devrait être interprété comme un ethnique signifiant originaire d'Alcala de Henares ou de la Qala' des Beni Hammad.

Ce nom est attesté à Tunis dans la deuxième moitié du XVIIe siècle. Des actes du Consulat de France font état de diverses opérations – prêts à la grosse aventure, exportations de marchandises, nolisements ou achats de navires, rachats d'esclaves chrétiens – effectuées par Isaac Alcalaï, marchand juif de Tunis (P. G., *op. cit.*, t. VI, p. 5 sqq.).

ALIA :
< De l'arabe علية *'Aliya*, nom propre féminin (M. Beaussier, *op. cit.*, p. 676). Ce prénom féminin est devenu un matronyme.

ALLAL :
< De l'arabe علاّل *'Allâl*, nom propre masculin (M. Beaussier, *op. cit.*, p. 670).
< De l'arabe علاّل *'allâl*, « chanteur de chant de noces » (D. Cohen, *op. cit.*, t. II, p. 162).

ALLALI :
< De l'arabe *'Allâl*. Avec l'adjonction d'un *yâ* devient un adjectif relatif signifiant « de la famille de 'Allâl ».

ALLOUCHE :
< De l'arabe علّوش *'allûsh*, « agneau » (M. Beaussier, *op. cit.*, p. 671). Ce nom est porté par des juifs comme par des musulmans (P. Marty, *art. cit.*, p. 302).

Félix Allouche (1901-1978), journaliste et militant sioniste, a fondé et dirigé le journal sioniste le Réveil juif *(1924-1934) (Robert Attal,* Autographes, *p. 105).*

ALORO, COHEN-ALORO :
< Du nom de lieu *Alora*, ville espagnole de la province de Malaga (R. Navas, *op. cit.*, p. 109).

AMANOU, AMMANOU, HAMMANOU :
Nom d'origine incertaine.

< De l'arabe أمان *âmân*, subst. masc., signifiant « sécurité », « assurance », « tranquillité » (M. Beaussier, *op. cit.*, p. 19).

< De l'hébreu אַמְנוֹן *Amnon* (fidèle), nom propre masc. Ex. : Amnon fils aîné de David (II *Samuel* 3, 2), cf. Sander et Trénel, *op. cit.*, p. 33.

< De l'hébreu עִמָּנוּאֵל Amanu-el (Dieu est avec nous), nom propre masc. Ex. Emmanuel (*Isaïe* 7, 14), cf. Sander et Trénel, *op. cit.*, p. 540, avec apocope de la dernière syllabe. C'est cette dernière étymologie qui nous semble la plus satisfaisante.

AMAR, AMMAR :
< De l'arabe عامر *'Amar* et عمّار *'Ammâr*, nom propre masc. (M. Beaussier, *op. cit.*, p. 679). Nom individuel devenu patronyme, porté par des juifs comme par des musulmans.

Nom attesté à Tunis au XIXe siècle. *Ketubbah* de Elie Platero et de Simha, fille de Mardochée Amar, en date du 18 août 1813 (*Registres matrimoniaux* n° 383).

AMRAM :
< De l'hébreu עַמְרָם *'Amram* (peuple nombreux), nom propre masc. Ex. : Amram, père de Moïse (*Exode* 6, 20), cf. Sander et Trénel, *op. cit.*, p. 541.

AMZALAK :
< Du berbère *azlag* signifiant « collier » avec le préfixe *am* signifiant « fabricant », c. à d. « fabricant de colliers » (d'après J. M. Dallet, *Dictionnaire kabyle-français*, p. 943). Nom de métier devenu patronyme.

ANKRI, ANCRY, LANCRI :
< Ethnique correspondant à *Lancara*, ville espagnole de la province de Léon (R. Navas, *op. cit.*, p. 887). Suite à la déglutination de la première lettre, prise pour le *lam* de l'article arabe, a donné *Ankri* ou *Ankry*.

< Du nom de lieu Ankri, village berbère du djebel Nefousa (selon M. Eisenbeth, *op. cit.*, p. 85). Mais nous n'avons pas trouvé confirmation de l'existence de ce toponyme (cf. J. Despois, « Les déplacements de villages dans le Djebel Nefousa », dans *R. T.* 1933, pp. 263-284 et carte p. 264).

ARARI : V. HARARI.

ARBIB :
< De l'arabe ربيب *rabîb*, « beau-fils », enfant dont on a épousé le père ou la mère (M. Beaussier, *op. cit.*, p. 375). Avec agglutination de l'article *âl*, a donné *âl-rabîb* ou *âr-rabîb*, d'où Arbib.

Ce nom est attesté à Tunis au XIXe siècle. *Ketubbah* de Isaac, fils de Mardochée Arbib, et de Anna, fille de Jacob Costa, en date du 3 mars 1863 (*Registres matrimoniaux* n° 766).

ARCHI :

< De l'arabe عرشي *'arsh*, « tribu » (M. Beaussier, *op. cit.*, p. 643). Avec l'adjonction d'un *ya* final donne *'arshî*, adjectif relatif signifiant « de la tribu », « à la tribu ». Cette appellation a pu être donnée aux membres d'une nombreuse famille, d'une « tribu ».

ARDITTI :

< De l'italien *ardito* pl. *arditi*, adj. signifiant « hardi », « courageux » (P. Pettrocchi, *op. cit.*, p. 45). Surnom devenu patronyme. Le pluriel s'explique par le fait que cette appellation est donnée à tous les membres d'une même famille (De Felice, *op. cit.*, p. 60).

Raphaël Arditti (1872-1936). Né en Bulgarie, diplômé du séminaire israélite de Paris, est arrivé en Tunisie en 1898. Attaché à la Direction de l'Intérieur, il a inspiré et préparé les principales dispositions de l'Administration du Protectorat, relatives à l'organisation du culte israélite. Il a publié un Recueil des textes législatifs et juridiques concernant les Israélites de Tunisie, *Tunis, 1915. Il a recueilli et publié les épitaphes rabbiniques de l'ancien cimetière israélite de Tunis dans la* Revue Tunisienne *de 1931 et 1932.*

ARICHE :

< De l'arabe عريش *'arîsh*, diminutif de عرش *'arsh* « tribu » (M. Beaussier, *op. cit.*, p. 643), signifiant « petite tribu ». Ce nom est porté par des juifs comme par des musulmans (cf. P. Marty, *art. cit.*, p. 398)

ARKI :

< De l'arabe حركي *harkî*, « manœuvre », « homme de peine » (M. Beaussier, *op. cit.*, p. 195). Nom de métier devenu patronyme.

ARON, ARRON, ARROUN :

< De l'hébreu אַהֲרֹן *Aharon*, nom propre masc. Ex. : Aaron, frère de Moïse (*Josué* 21, 4), cf. Sander et Trénel, *op. cit.*, p. 12. Nom individuel devenu patronyme.

N. B. : De l'hébreu *Aharon* est dérivé l'arabe *Hârûn*.

AROUS, BEN AROUS :

< De l'arabe عروس *'arûs*, 1°. « fiancé », « nouvel époux » ; 2°. Nom propre masculin, *Arous* (M. Beaussier, *op. cit.*, p. 643). Avec l'indice de filiation *ben*, donne *Ben 'Arûs*, « le fils de Arous ».

Ce nom est attesté à Tunis au XIXe siècle. *Ketubbah* de Isaac, fils de Jacob b. Arous, et de Anna, fille de David Valensi, en date du 12 avril 1854 (*Registres matrimoniaux* n° 548).

ARROUAS : V. ROUAS.

ASCOLI :
< Du nom de lieu *Ascoli*, ville italienne des Marches (province d'Ascoli). Une vieille communauté juive y était établie, qui en fut chassée au XVIIe siècle (De Felice, *op. cit.*, p. 63).

Nom attesté à Tunis au XIXe siècle. *Ketubbah* de Daniel, fils de Asher Ascoli, et de Messaouda, dénommée Fortunée, fille de Moïse Zeki, en date du 5 août 1863 (*Registres matrimoniaux* N° 771).

ASKENAZI, ASKINAZI, ESKENAZI, SEKNAZI, SEKNAJI :
< De l'hébreu אַשְׁכְּנַז *Ashkenaz*, 1°. nom d'un fils de Jomer, souche d'un peuple de l'Asie (*Gen.* 10, 3) ; 2°. *Ashkenazi* pl. *im*, nom donné aux juifs originaires d'Europe centrale et orientale, par opposition aux juifs originaires des pays méditerranéens (Sander et Trénel, *op. cit.*, p. 48). Par aphérèse, *Ashkenazi* a donné Seknazi et Seknaji.

Ce nom est attesté à Tunis au début du XVIIe siècle. Des actes du Consulat de France font état de diverses opérations (rachats d'esclaves chrétiens, exportations de marchandises) effectuées par Simon Escanazi, juif de Tunis (P. G., *op. cit.*, t. III, pp. 5 sqq).

Ce nom est attesté à Tunis au XIXe siècle. *Ketubbah* de Eliezer, fils de Salomon Zalman Ashkenazi, et de Rachel, fille de Joseph Crimas, en date du 24 août 1858 (*Registres matrimoniaux* n° 662).

ASSAL :
< De l'arabe عسّال *'assâl*, nom d'agent, dérivé de عسل , *'assel*, « miel ». Ce nom ne figure pas dans le dictionnaire de M. Beaussier. Signifie-t-il apiculteur, collecteur de miel, vendeur de miel ?

N. B. : L'apiculteur est généralement désigné par le terme *nahhâl*, pl. *nahhâla* (dérivé de *nahla*, l'abeille).

ASSOUS, ASSUS :
< De l'arabe سوس *Sûs*, région méridionale du Maroc. Précédé de l'article, donne *âl-Sûs*, transcrit *Assûs*, avec agglutination de l'article (v. *Guide bleu, Maroc*, 1970, p. 325). Nom d'origine devenu patronyme.

ASSUIED, SUID, SUIED, SUIÈTE :
< De l'arabe أسود *aswed*, adj. signifiant « noir » (M. Beaussier, *op. cit.*, p. 501) qui a pour diminutif أسويد *aswiyed* (cf. D. Cohen, *Le parler arabe...*, t. II, p. 205) avec le sens de « petit noir », « noiraud ». D'où le nom *Assuied*, qui, par aphérèse, devient *Suied*. Appellation apotropique, donnée à un enfant pour en écarter le mauvais œil, devenue patronyme. On rapprochera le

nom *Assuied*, porté par des juifs, du nom *al-Aswed*, signifiant « le noir », contracté en *Lasoued*, porté par des musulmans.

Ce nom est attesté à Tunis au XVIIe siècle. Un acte du Consulat de France, en date du 16 avril 1636, fait mention du juif Saadia Suid (P.G., *op. cit.*, t. V, p. 95).

Ce nom est attesté à Tunis à la fin du XVIIIe siècle. *Ketubbah* de Abraham, fils de Joseph Assuied et de Rebecca, fille de Mardochée Baruch Carvalho, en date du 10 juillet 1789 (*Registres matrimoniaux* n° 21).

ASTROLOGO : V. STROLOGO.

ATLAN :

< De l'arabe عطلان *'atlân*, adj. signifiant « entravé », « perclus », « infirme » (M. Beaussier, *op. cit.*, p. 660). Surnom individuel devenu patronyme.

ATTAL, ATTALI :

< De l'arabe عتّال *'attâl*, nom de métier, signifiant « portefaix » (M. Beaussier, *op. cit.*, p. 632). Avec l'adjonction d'un *ya* donne *'Attâlî*, adj. relatif signifiant « de la famille de 'Attâl ».

Nom attesté à Tunis dans la première moitié du XVIIe siècle. Un acte du Consulat de France en date du 3 juin 1624 fait état de deux juifs de Tunis, dénommés Isaac et Joseph Attal, qui s'emploient au rachat de leurs fils, esclaves à Malte (P. G., *op. cit.*, t. IV, p. 170).

A la fin du XVIIIe siècle, le marchand juif Elias Attal se livre à des opérations commerciales en association avec le consul de France à Tunis Jacques Philippe Devoize (E. Plantet, *op. cit.*, t. III, pp. 285 sqq).

A la fin du XVIIIe siècle, *Ketubbah* de Elie, fils de Abraham, Salomon Attal et de Reine, fille de Abraham Lumbroso, en date du 21 novembre 1793 (*Registres matrimoniaux* n° 104).

Sur une liste de maisons de commerce établies à Tunis en 1865, figure celle de David Attal, de nationalité tunisienne (Ch. Cubisol, *op. cit.*, p. 65).

ATTAR, BEN ATTAR :

< De l'arabe عطّار *'attâr*, « marchand d'épices », « droguiste », « parfumeur » (M. Beaussier, *op. cit.*, p. 659). Avec l'indice de filiation *ben* donne *Ben 'Attâr*, « le fils de 'Attâr », « le fils du droguiste ».

Ce nom est attesté à Tunis à la fin du XVIIe siècle. Un acte du Consulat de France à Tunis, en date du 23 juillet 1694 fait état d'une procuration signée de Juda Ben Attas pour Ben Attâr (P. G., *op. cit.*, t. VIII, p. 223).

Nathan Benattar (m. 1885) a succedé à Abraham Hagege dans les fonctions de grand-rabbin de la communauté tunisienne de Tunis, et les a exercées de 1880 à 1885 (R. Arditti, « Les Epitaphes rabbiniques de l'ancien cimetière israëlite » dans R. T. *1932, pp. 110-111).*

César Benattar (1868-1937), avocat au barreau de Tunis, a écrit une étude intitulée « Les colonies israélites de Tunisie » dans Ch. R. Dessort, Histoire de la ville de Tunis, *Alger 1926. Il est aussi l'auteur d'un livre de contes :* Le Bled en lumière, *Paris 1923, qui fait une large place au folklore des juifs tunisiens.*

ATTIA, BEN ATTIA :
< De l'arabe عطية *'atiya*, subst. fém. « don », « présent », « cadeau » ; et de عطية *'Attiya*, nom propre masc. (M. Beaussier, *op. cit.*, p. 661). Nom donne a un enfant dont la naissance est considérée comme un don de Dieu. Précédé de l'indice de filiation *ben* donne *Ben Attiya*, « le fils de 'Attiya ».

Nom attesté à Tunis au XIXe siècle. *Ketubbah* de Moïse, fils de David Attia, et de Reine, fille de Daniel De Pas, en date du 15 octobre 1845 (*Registres matrimoniaux II*, n° 57).

ATTIAS :
< De l'arabe *'atiya*, « don », « présent », « cadeau » et de *'Attiya*, nom propre masc. Le s final correspond à l'usage espagnol de désigner par un nom au pluriel les membres d'une même famille.

Ce nom est attesté à Tunis au début du XVIIe siècle. Des actes du Consulat de France font état de diverses opérations (prêts à la grosse aventure, exportations de grains...) effectuées par Jacob Attias à partir du 21 janvier 1615 (P. G., *op. cit.*, t. III, p. 119 sqq).

Au XVIIIe siècle, *Ketubbah* de Raphaël, fils de Juda Boccara et de Rebecca, fille de Daniel Attias, en date du 27 mars 1793 (*Registres matrimoniaux* n° 91).

ATTOUN, ATTON :
< De l'arabe عاطي *'âtâ*, adj. « qui donne », « généreux » (M. Beaussier, *op. cit.*, p. 661). Avec le suffixe *ûn*, correspondant à la forme augmentative, donne *'attûn*, avec le sens de « très généreux », « munificent ». Surnom devenu patronyme.

AVIGDOR :
< De l'hebreu *Abi gdor*, « le père de la haie » [autour de la Loi], d'après une expression biblique (I *Chron.* 4, 18). L'un des noms de Moïse (M. A. Ouaknin et D. Rotnemer, *Le Livre des prénoms bibliques et hébraïques*, Paris 1997, p. 300).

Samuel Avigdor, né à Andrinople en 1870, a été le directeur de la ferme-école de l'Alliance israélite universelle à Djedeïda (P. Lambert, Dictionnaire, *p. 43).*

AYDAN : V. AÏDAN.

AYOUN : V. HAYOUN.

AZAN : V. HAZAN.

AZAR :

< De l'hébreu אֶלְעָזָר *Elázar* (que Dieu aide). Nom propre masc. Ex. : Elazar, grand pontife, fils d'Aaron (*Exode* 6, 23), cf. Sander et Trénel, *op. cit.*, p. 30. *Elazar* a donné *Azar* par aphérèse de la première syllabe.

AZOULAI, AZOULAY, AZULAI :

< De l'espagnol *azulejo*. 1°. Subst. « carreau de faïence émaillée ». 2°. Adj. « bleuâtre » (R. Garcia-Pelayo, *op. cit.*, p. 123). Cette appellation a pu être donnée à un céramiste, ou à une personne aux yeux bleus.

< Du berbère *izil*, qui signifie « bon ».

N. B. : L'origine berbère du nom Azoulay n'a rien d'invraissemblable, si le celèbre rabbin-missionnaire Haïm Yossef David Azoulay avait une ascendance africaine. Son grand-père Abraham Azoulay serait né au Maroc et aurait émigré en Palestine pour y étudier la Kabbale (cf. *Kountrass* mai-juin 1992, p. 35).

Ce nom est attesté à Tunis au début du XVIIe siècle. Des actes du Consulat de France font état de diverses opérations (prêts à la grosse aventure, rachats d'esclaves...) effectuées par Ruben Azoulai, à partir du 31 août 1615 (P. G., *op. cit.*, t. III, pp. 145 sqq).

Au XIXe siècle, *Ketubbah* de Meïmoun, fils de Jacob Azoulay, et de Messa'ouda, fille de Jacob Azoulay, en date du 2 septembre 1818 (*Registres matrimoniaux* n° 443).

AZOUZ, AZZOUZ :

< De l'arabe عزّوز *'Azzûz*. 1°. Part. passé du verbe *'azza*, « aimer », « chérir ». 2°. Nom propre masculin, *'Azzûz* (M. Beaussier, *op. cit.*, pp. 650-1).

N. B. : On rencontre aussi le nom sous la forme *'Azûz*, cf. Nicolas, feuillets roses.

AZRIA :

< De l'hébreu עֲזַרְיָהוּ *Azariah* (Dieu lui vient en aide), nom propre masc. Ex. : Azariah (II *Rois* 15, 1), cf. Sander et Trénel, *op. cit.*, p. 521. Nom individuel devenu patronyme.

AZUELOS :

< Du nom de lieu *Azuelo*, ville espagnole de la province de Navarre (R. Navas, *op. cit.*, p. 196). Le *s* final s'explique par le fait que le nom s'applique à tous les membres d'une même famille.

B

BAADACHE, BADACH :
< Du nom des أولاد بداس *Awlâd Badâs*, tribu de Tripolitaine (M. Eisenbeth, *op. cit.*, p. 90).
< Du nom des بني عداس *Banî 'Adâs*, tribu errante d'Algérie (M. Beaussier, *op. cit.*, p. 637).

N. B. : Ce nom se rencontre sous la forme Bedasch en Libye (cf. R. de Felice, *Ebrei in un paese arabo*, Bologne 1978, p. 252).

BAKOUCHE
< De l'arabe بكّوش *bakkûsh*, adj. signifiant « muet » (M. Beaussier, *op. cit.*, p. 69). Surnom devenu patronyme. Nom porté par des juifs comme par des musulmans.

BARANES :
< De l'arabe برانس *Brânes*, nom d'une grande confédération de tribus berbères, que l'on retrouve dans la toponymie nord-africaine (Ibn Khaldoun, *Histoire des Berbères*, Paris 1924-1956, t. I, pp. 168, 172).

Ce nom est attesté à Tunis au XIXe siècle. *Ketubbah* de Elie, fils de Raphaël Baranes, et de Anne, fille de Shalom Darmon, en date du 26 septembre 1855 (*Registres matrimoniaux* n° 573).

BARDA, BARDAA, BERDA, BERDAA, BERDAH :
< De l'arabe بردعة *bard'a*, « bât de mule ou d'âne » (M. Beaussier, *op. cit.*, p. 43). Au siècle dernier, le métier de bourrelier (*brâda'î*, pl. *brâda'îya*) était généralement exercé par des juifs (*La Tunisie, agriculture, industrie, commerce*, Paris - Nancy 1900, t. I, p. 323).

Nom attesté à Tunis au XIXe siècle. *Ketubbah* d'Isaac, Raphaël, fils de Salomon Lumbroso, et de Yakouta, fille de Hay Berda, en date du 1er mars 1856 (*Registres matrimoniaux* n° 804).

On rencontre le nom de Moïse Berda, grand-rabbin de Tunis, dans de nombreuses préfaces-approbations, placées en tête d'ouvrages de rabbins tunisois (D. Cazès, Notes bibliographiques..., *pp. 191, 288, 290).*

David Berdah (1916-1969), auteur d'un Mahzor, *et d'une* Haggadah *de Pâque, a publié une* Grammaire hébraïque, *Tunis, 1949 (cf. R. Attal,* Autographes, *p. 99). Il a été aussi le fondateur et le principal rédacteur du journal* Ha-Ivri *(1937-1938).*

BARON, BEN BARON, BEMBARON :

< De l'arabe بحار *bahr*, « mer », qui, avec le suffixe *ûn* de la forme augmentative, donne *bahrûn*. Ce nom a pu être donné à un homme habitant près de la mer ou se livrant à une activité maritime. Précédé de l'indice de filiation *ben* donne *Ben Bahrûn*, transcrit en français par Ben Baron ou par Bembaron pour se conformer aux lois de la phonétique française.

Nom attesté à Tunis à la fin du XVIIIe siècle. *Ketubbah* de Isaac, fils de Hillel Ben Baron, et de Abigaël, fille de Salomon Franco, en date du 6 juin 1792 (*Registres matrimoniaux* p. 83).

David Bembaron (1885-1955), disciple du savant talmudiste Shelomo Dana, a succédé à Haïm Bellaïche dans les fonctions de grand-rabbin de Tunisie, et les a exercées de 1947 à 1955 (D. T., *1956).*

BAROUCH, BAROUKH, BAROUK, BARUK :

< De l'hébreu בָּרוּךְ *barukh*. 1°. Part. passé du verbe בֵּרַךְ *barakha* signifiant « bénir ». 2°. Nom propre masculin, *Barukh*. Ex. : Baruch, ami de Jérémie (*Jérémie* 32, 16), cf. Sander et Trénel, *op. cit.*, p. 82. C'était le prénom de Spinoza traduit en latin par Benedictus et en français par Benoît.

Ce nom est attesté à Tunis dans la première moitié du XVIIe siècle. Des actes du Consulat de France font état de diverses opérations (rachats d'esclaves chrétiens, expéditions de marchandises, nolisements de navires...) effectuées par Daniel Barrocas (= Daniel Barouch) à partir du 10 février 1639 (P. G., *op. cit.*, t. V, p. 143 sqq.).

A la fin du XVIIIe siècle, *Ketubbah* de Moïse, fils de Isaac Ventura, et de Esther, fille de Menahem Baruch, en date du 24 mai 1792 (*Registres matrimoniaux* n° 79).

BATTINO :

< De l'italien *Sabattino*, diminutif de *Sabato*. Nom donné à un enfant né le samedi (E. de Felice, *op. cit.*, p. 219), avec aphérèse de la première syllabe.

BCHIRI, BSIRI :

< De l'arabe بشارة *bashâra*, bonne nouvelle, dont dérivent *bashîr* « porteur de bonnes nouvelles » et بشير *Beshîr*, nom propre masc. (M. Beaussier, *op. cit.*, p. 55). Avec l'adjonction d'un *ya*, donne *bashîrî*, adjectif relatif signifiant « de la famille de Béchir ». La forme Bsiri serait due à la transformation du *shîn* en *sîn*, caractéristique du parler arabe des juifs de Tunis.

BEDOCK :

< De l'arabe بال دوخة *bal-dûkha* pour *Abû al-dûkha* signifiant « l'homme au vertige », c. à d. sujet au vertige (M. Beaussier, *op. cit.*, p. 351).

N. B. : *dûkha* : étourdissement, vertige.

BEDOSSA, BEDOUCHA :
< De l'arabe دوسة *dûssa*, « ballot » (M. Beaussier, *op. cit.*, p. 355). Précédé de *bû* (pour *abû*), donne *bû-dûssa*, m. à m. « l'homme au ballot », c'est-à-dire marchand ambulant, colporteur. Nom de métier devenu patronyme.
N. B. : Colporteur se dit aussi *dawwâs* (*ibid*).

BEHAR, LE BEHAR, LEBHAR :
< De l'arabe بحّار *bahhâr* « marin », « matelot » (M. Beaussier, *op. cit.*, p. 31). Précédé de l'article, donne *âl-bahhâr*, que l'on a traduit par *Le Behar*, avec agglutination de l'article, en français comme en arabe.

BELAÏCHE, BELLAÏCHE, BELAÏSCH, BELLAÏSCHE, BELAÏS, BENAÏS : V. AÏCH.

BELAHEM, BELLAHEM :
< De l'hébreu לֶחֶם *lehem*, « pain » (Sander et Trénel, *op. cit.*, p. 323). Précédé de la préposition *bi* donne *belehem*, m. à m. « avec le pain ». Nom propitiatoire donné à un enfant, en espérant que Dieu ne le fera jamais manquer de pain. Prototype hébreu de l'arabe *Bû-khobza*.

BELHASSEN : V. HASSEN.

BELLICHA : V. LICHA.

BELLITY :
< De l'arabe عاطي *'âty*, « celui qui donne », « donateur », « généreux » (M. Beaussier, *op. cit.*, p. 661). Précédé de l'indice de filiation et de l'article *ben âl*, contracté *bel*, donne *Bel-'âty*, c. à d. « le fils du généreux », transcrit Bellity.

BEN ABBOU : V. ABBOU.

BEN ADI, BEN ADY : V. ADDI.

BENAÏNOUS : V. BESNAÏNOU.

BENAÏS : V. AICH.

BEN-AMOU : V. BEN HAMMOU.

BEN AROUS : V. AROUS.

BEN ASSEN : V. HASSEN.

BEN ATTAR : V. ATTAR.

BEN ATTIA : V. ATTIA.

BEN BARON : V. BARON.

BEN CHAYA : V. CHAYA.

BEN CHOUCHAN : V. CHOUCHAN.

BEN DAHAN : V. DAHAN.

BEN DAVID : V. DAVID.

BEN DAYAN : V. DAYAN.

BENERO :
< De l'italien *Venero* (pour *Veneziano*, « Vénitien »), après transformation du v en b. Adjectif d'origine devenu patronyme.

BEN HAÏM : V. HAÏM.

BEN HAMMOU, BEN AMOU : V. HAMMOU.

BEN HASSEN : V. HASSEN.

BEN-ILLOUCH, BENILLOUCHE, BENILLOUS :
Origine incertaine.
< De l'arabe علّوش *'allûsh*, agneau (M. Beaussier, *op. cit.*, p. 671). Précédé de l'indice de filiation *ben* donne *Ben 'allûsh* : « le fils de l'agneau ».
< De l'arabe لوز *lûz*, « amande » et « amandier » (M. Beaussier, *op. cit.*, p. 912). Avec l'article donne *âl-lûz* et précédé de l'indice de filiation *ben* donne *Ben âl-lûz*, « le fils de l'amandier ».

BENISTI, BENISTY :
< De l'italien *Benvenisti*, « tu es le bienvenu », contracté en *Benisti*. Nom donné à un enfant dont la naissance a été bien accueillie, devenu patronyme.

BEN MOUSSA, BEN MUSSA : V. MOUSSA.

BEN ROUBINE, BEN RUBEN : V. RUBEN.

BEN SAADOUN : V. SAADOUN.

BEN SASSON : V. SASSON.

BEN SIMEON, BEN SIMON : V. SIMEON.

BEN SION : V. SION.

BEN SOUSSAN, BEN SUSSAN : V. SOUSSAN.

BENVENISTE :
< De l'italien *Benvenisti,* « tu es le bienvenu » (De Felice, *op. cit.*, p. 75). Nom donné à un enfant dont la naissance a été bien accueillie, devenu patronyme.

BERDA, BERDAH : V. BARDA.

BEREBI, BEREBY, BERREBI, BERREBY :
< De l'arabe ربّي *rabbî,* « rabbin » (M. Beaussier, *op. cit,* p. 375). Dérivé de l'hébreu רַב *rab,* « maître », « rabbin » (Sander et Trénel, *op. cit.*, p. 666). Précédé de l'indice de filiation arabe *ben* et de l'article *âl* donne *ben âl-rabbi,* contracté en ber-rabbî, « le fils du rabbin ».

Moshé Berrebi a succedé à Mardochée Smaja dans les fonctions de grand-rabbin de Tunisie, et les a exercées de 1899 à 1902 (cf. Revue Tunisienne *1904, p. 498).*

BERETVAS :
< Du hongrois *beretvas,* « barbier ». Nom de métier devenu patronyme.

BERRIH :
< De l'arabe برّاح *barrâh,* « crieur public » (M. Beaussier, *op. cit.*, p. 42). Nom de métier devenu patronyme.

BESNAÏNOU, BENAÏNOUS :
< De l'arabe سِنّة , pl. سِنِين *senna,* pl. *sennîn,* « dent » (M. Beaussier, *op. cit.*, p. 495). Précédé de la préposition *bi* et suivi du pronom affixe de la troisième personne donne *bi-sennînhu,* m. à m. « avec ses dents », c. à d. « l'homme aux grandes dents » ou « le dentu ». Sobriquet dicté par une particularité physique devenu patronyme. On rencontre parmi les musulmans les noms : Boussen : « l'homme à la grosse dent » et Bousnîna : « l'homme à la petite dent » (cf. P. Marty, *art. cit.*, p. 399).

BESSIS, BEZIZ :

< De l'arabe بصيص *bsays*, nom d'une tribu de Cyrénaïque (M. Eisenbeth, *op. cit.*, p. 102).

< De l'arabe بصيص *basays*, adj. signifiant « effronté », « impudent » (M. Beaussier, *op. cit.*, p. 56).

Nom attesté à Tunis au XIXe siècle. *Ketubbah* de Salomon, fils de Elie Ghozlan, et de Reine, fille de Samuel Biziz, en date du 23 septembre 1866 (*Registres matrimoniaux* n° 846).

Sur une liste de maisons de commerce établies à Tunis en 1865, figure celle de M. de Haï Bessis, de nationalité italienne (Ch. Cubisol, *op. cit.*, p. 65).

Le rabbin Josué Bessis (m. 1860) a été le grand-rabbin de la communauté israélite tunisienne de Tunis de 1847 à 1860. Il a laissé le souvenir d'un homme d'un grand savoir et d'une grande piété. On lui a même prêté les pouvoirs d'un rabbin miraculeux dont la tombe était l'objet de visites pieuses. Il est l'auteur d'un ouvrage intitulé Abne Tsedeq *(« le Fils du juste »), qui a été publié après sa mort, à Tunis en 1902 (cf. R. Arditti, « Les Epitaphes rabbiniques... » dans* R. T. *1932, pp. 102-103).*

*Eugène Bessis (1871-1951), délégué au Grand conseil de la Tunisie, a été le président de la Communauté israélite de Tunis de 1922 à 1926, de 1926 à 1930 et de 1930 à 1934 (*Bull. com. isr. *1952, pp. 31-33).*

Albert Bessis (1885-1972), avocat à la Cour d'appel de Tunis ; bâtonnier de l'Ordre des avocats ; vice-président de la section tunisienne du Grand conseil ; expert de la délégation tunisienne lors des négociations sur l'autonomie interne (1954-1955) ; ministre de l'Urbanisme et de l'Habitat (juin 1955 - mars 1956) ; membre de l'Assemblée nationale constituante (1956-1959), de la première Assemblée nationale (1959-1964) et de la deuxième Assemblée nationale (1964-1969).

BETTIT :

< Du français *Petit*, patronyme arabisé en remplaçant la consonne *p* par la consonne *b*.

BEZIZ : V. BESSIS.

BIGIAOUI, BIJAOUI :

Ethnique correspondant à la ville de بجاية *Bijâya*, Bougie, en Algérie, originaire de cette ville (M. Beaussier, *op. cit.*, p. 31), diversement transcrit : Bijaoui et Bigiaoui (le *jim* arabe a été transcrit à la française par *j* et à l'italienne par *gi*).

Nom attesté à Tunis au XIXe siècle. *Ketubbah* de Abraham, fils de Isaac Bijaoui, et de Rachel, fille de Meïr Boccara, en date du 24 février 1859 (*Registres matrimoniaux* n° 646).

BINHAS : V. PINHAS.

BISMOUTH : V. BISMUT.

BISMUT, BISMUTH, BISMOUTH :
< De l'arabe بشماط *bashmât*, « galette », « biscuit », dont on s'alimente en voyage (M. Beaussier, *op. cit.*, p. 56). Le *tâ* arabe a été transcrit par *t* ou par *th.* Nous ne savons pas comment ce vocable a pu devenir d'abord un surnom, puis un patronyme.

Ce nom est attesté à Tunis au XIXe siècle. *Ketubbah* de Shalom, fils de Saadani Bismuth, et de Judica, fille de Joseph Darmon, en date du 16 juin 1869 (*Registres matrimoniaux* n° 922).

Au XVIIIe siècle, Joseph Bismuth (m. 1775) exerça les fonctions de caïd et d'intendant des finances beylicales (R. Arditti, « Les Epitaphes rabbiniques... » dans R. T. *1932, p. 116).*

Maurice Bismouth (Tunis 1891 - Los Angeles 1965), artiste peintre, élève du peintre Pinchart, s'est spécialisé dans la peinture de scènes de la vie juive, de synagogues et de rabbins.

BISSOR, BISSOUR :
Nom d'origine obscure.
< De l'arabe سرور *sarûr*, « aise », « joie », « allégresse » (M. Beaussier, *op. cit.*, p. 467). Précédé de la préposition *bi*, « avec », donne *besrûr*, m. à m. « avec joie ». Nom donné à un enfant dont la naissance a été bien accueillie, devenu patronyme. Le nom Besrour est porté par de nombreux musulmans. Peut-on voir dans Bissor une déformation de *Besrour* ?

BITAN, BITTAN, BITANE :
< De l'hébreu פַּיְטָן *paytan*, auteur ou récitant de *piyyûtim*, c. à d. de poèmes religieux (M. Cohn, *op. cit.*, p. 562).

N. B. : Dans le parler judéo-arabe des juifs de Tunis, les *paytanim* sont appelés *baytanim.*

< De l'hébreu בָּטֵל *batal* signifiant « détruire », « annuler » (Sander et Trénel, *op. cit.*, p. 61). Nom donné à d'anciens *Cohanim* ayant perdu leurs prérogatives sacerdotales à la suite d'une infraction. C'est l'explication donnée par A. Laredo (*op. cit.*, n° 329).

Ce nom est attesté à Tunis au XIXe siècle. *Ketubbah* de Joseph, fils de Shalom Haï Assuïed, et de Sara, fille de Haïm b. Battan, en date du 16 janvier 1856 (*Registres matrimoniaux* n° 579).

BITBOL, BITBOUL : V. ABITBOL.

BLOCH :
< De l'allemand *Welsh*, « étranger », qui est devenu successivement *Waloch*, *Wloch* et puis *Bloch* (A. Dauzat, *op. cit.*, p. 240). Nom introduit en Tunisie

par des familles originaires d'Alsace.

BOCCARA, BOUCARA :
< Du nom de lieu *Boukhara*, ville d'Asie centrale (Ouzbékistan) ?
< De l'arabe بو شعرة *Bû-sha'ara*, « l'homme à la chevelure », « le chevelu », sobriquet dicté par une particularité physique, devenu patronyme ?

Nom attesté à Tunis dans la deuxième moitié du XVIIe siècle. Un acte du Consulat de France fait mention d'un marchand juif de Tunis dénommé Josué Boccara, important du tabac de Marseille, en date du 16 avril 1657 (P. G., *op. cit.*, t. VI, p. 169).

Un Boccara figure sur une liste de sujets toscans établis à Tunis en 1848 (*R. T.* 1935, pp. 116-117).

Sur une liste de maisons de commerce établies à Tunis en 1865, figure celle de D. de A. Boccara, de nationalité italienne (Ch. Cubisol, *op. cit.*, p. 65).

Abraham de Moïse Boccara (m. 1879) a rempli les fonctions de grand-rabbin de la communauté livournaise de Tunis, de 1872 à 1879. Il a laissé un ouvrage intitulé Ben Abraham *(c. à d. « le Fils de Abraham »), imprimé après sa mort à Livourne en 1882 (D. Cazès,* Notes bibliographiques..., *pp. 29-32).*

Jacob Boccara (1843-1941), membre du tribunal rabbinique dont il fut longtemps le doyen, a laissé le souvenir d'un savant talmudiste et d'une haute conscience. Il a longtemps fait figure de chef spirituel des « Livournais » (R. Attal, Autographes, *p. 84).*

BOCOBZA, BOKOBZA : V. BOUKHOBZA.

BOHBOT :
< Du berbère *hbot*, « ventre », « panse ». Précédé de l'arabe *bû* (pour *âbû*), donne *Bû-hbot* avec le sens de « l'homme au gros ventre », « le pansu », « le ventru » (M. Eisenbeth, *op. cit.*, p. 103). Sobriquet devenu patronyme. On peut le rapprocher du sobriquet *Bû-kersh*, qui signifie « l'homme au gros ventre », porté par des musulmans (cf. P. Marty, *art. cit.*, p. 399).

BONAN :
< De l'italien *buon anno* « bonne année », nom donné à un enfant en souhaitant que l'année de sa naissance lui assure une vie heureuse. Nom à caractère votif devenu patronyme. On rencontre ce nom en Italie sous les formes *Buonanno*, *Bonano* et *Bonan* (De Felice, *op. cit.*, p. 82).

Nom attesté à Tunis à la fin du XVIIIe. *Ketubbah* de David, fils de Salomon Lussato et de Reine, fille de Moïse, fils de Abraham Bonan, en date du 22 juillet 1798 (*Registres Matrimoniaux* n° 188).

David Bonan (m. 1850), membre de la communauté livournaise de Tunis, a laissé trois ouvrages commentant divers traités du Talmud (D. Cazès, Notes bibliographiques... , *pp. 36-43).*

BORALEVI :

< De l'hébreu לֵוִי *Levi*, nom propre masc., troisième fils de Jacob, chef de la tribu de ce nom destinée au service du culte (*Gen.* 29, 34), cf. Sander et Trénel, *op. cit.*, p. 320. Précédé de *bar ha*, « le fils de », le nom de *Bar ha-levi* a été italianisé sous la forme *Boralevi*.

BORGEL, BOURGEL :

< De l'arabe رجل *rjal*, « pied » (M. Beaussier, *op. cit.*, p. 386). Précédé de *bû* (pour *âbû*), sobriquet signifiant : « l'homme au grand pied » ou « l'homme à un seul pied » (cf. P. Marty, *art. cit.*, p. 399).

La famille Borgel a donné de nombreux grands-rabbins à la communauté israélite tunisienne de Tunis.

Nathan Borgel I (m. 1791) fut grand-rabbin de la communauté tunisienne de 1774 à 1791. Il a laissé un important ouvrage intitulé Haq Nathan *(c. à d. « le Droit de Nathan »), publié à Livourne en 1776 (D. Cazès,* Notes bibliographiques..., *pp. 73-76).*

Eliaou Borgel I (m. 1798) fut grand-rabbin de la communauté tunisienne de 1791 à 1798. Il a laissé un ouvrage intitulé Migdanot Nathan *(c. à d. « les Présents de Nathan »), publié à Livourne en 1778 et en 1785 (D. Cazès, Ibid., pp. 60-64).*

Nathan Borgel II (m. 1873) fut grand-rabbin de la communauté tunisienne de 1867 à 1873 (R. Arditti, « Les Epitaphes rabbiniques... » dans R. T. *1932, pp. 106-108).*

Eliaou Borgel II (m. 1898) fut grand-rabbin de la communauté tunisienne de 1885 à 1898. Il a été inhumé dans le nouveau cimetière israélite de Tunis, au nord de la ville, et lui a donné son nom (R. Arditti, « Les Epitaphes rabbiniques... », dans R. T. *1932, p. 111).*

Moïse Borgel (1872-1959) a été président de la communauté israélite de Tunis de 1939 à 1943. Il a dû affronter les autorités de l'Axe durant l'occupation allemande (cf. R. Borgel, Etoile jaune et croix gammée, *Tunis, 1944).*

BOUBLIL, BOUBLI :

< De l'arabe بليل *Bellîl*, contraction de *Ibn al-lîl*, « le fils de la nuit » (M. Beaussier, *op. cit.*, p. 70). Précédé de l'indice de paternité *bû* (pour *âbû*), donne *Bû-Bellîl*, m. à m. « le père de Bellil » ou « le père du fils de la nuit ».

Ce nom est attesté à Tunis au XIXe siècle. *Ketubbah* de Salomon, fils de Hillel Franco et de Rachel, fille de Elie Boublil, en date du 28 février 1866 (*Registres matrimoniaux* n° 833).

BOUCHOUCHA :

< De l'arabe شوشة *shûsha*, « mèche », « houppe », « toupet » (M. Beaussier, *op. cit.*, p. 549). Précédé de *bû* (pour *âbû*) donne *Bû-shûsha* = « l'homme à la mèche ». Sobriquet dicté par une particularité physique devenu patronyme. Ce nom est porté par des juifs comme par des musulmans (cf. P. Marty, *art. cit.*, p. 399).

BOUHANIK. BOUHNIK :

< De l'arabe حنيك *hanîk*, « bouchée de pain » (M. Beaussier, *op. cit.*, p. 246). Précédé de *bû* (pour *âbû*) donne *Bû-hanîk* = « l'homme à la bouchée de pain ». Nom propitiatoire donné à un enfant en espérant que le Tout-Puissant ne le fera jamais manquer du nécessaire. On rapprochera ce nom de celui de *Bou-khobza.*

BOUJNAH, BOUJENAH, BOUDJENAH, BOUZANAH :

< De l'arabe جناح *jenâh*, pl. أجنوح *ajnûh* et أجنيحة *aj-niha*, « aile », « pan de burnous », « basque de vêtement » (M. Beaussier, *op. cit.*, p. 160). Précédé de *bû* (pour *âbû*) donne *Bû-jnâh*, « l'homme aux pans », c. à d. l'homme aux vêtements trop grands ; ou bien « l'homme aux ailes », c. à d. rapide comme un oiseau ?

Ce nom est attesté à Tunis à la fin du XVIIIe siècle. *Ketubbah* de Hillel, Haï, fils de Hananiah Boujenah, et de Esther, fille de Samuel Aboccara, en date du 27 août 1789 (*Registres matrimoniaux* n° 23).

Ce nom a été porté par un rabbin de Tripoli, auteur de piyyûtim, *cf. E. Hazan,* The Piyyûtim of Rabbi Mûsâ Bûjnah of Tripoli, *Jérusalem, 5736/1976.*

BOUKHOBZA, BOUKOBZA, BOKOBZA, BOCOBZA :

< De l'arabe خبزة *khubza*, « pain » (M. Beaussier, *op. cit.*, p. 264). Précédé de *bû* (pour *âbû*), donne *Bû-khobza*, m. à m. « l'homme au pain », nom propitiatoire donné à un enfant, en espérant que Dieu ne le fera jamais manquer de pain. Equivalent arabe de l'hébreu *Bellahem.*

Ce nom est attesté à Tunis au XIXe siècle. *Ketubbah* de Sa'adani, fils de David Boukhobza, et de Esther, fille de Salomon, Haï El-Haïk, en date du 29 août 1860 (*Registres matrimoniaux* n° 721).

BOUKHORS :

< De l'arabe خرصة *khursa*, pl. خرص *khors*, « boucle d'oreille », « anneau » (M. Beaussier, *op. cit.*, p. 276). Précédé de *bû* (pour *âbû*), donne *Bû-khors*, « l'homme aux boucles d'oreille ». Surnom devenu patronyme, porté par des juifs comme par des musulmans (P. Marty, *art. cit.*, p. 400).

BOUKHRIS, BOUKRIS :

< De l'arabe خريص *kharîs*, diminutif de *khursa*, « boucle d'oreille » (M. Beaussier, *op. cit.*, p. 276). Précédé de *bû* (pour *âbû*), donne *Bû-khrîs*, « l'homme à la petite boucle ». Surnom devenu patronyme, porté par des juifs comme par des musulmans (P. Marty, *art. cit.*, p. 400).

BOULAKIA, COHEN-BOULAKIA :
Ethnique correspondant au nom de lieu *Bûlâq*, faubourg du Caire. بولاقي *Bûlâqî*, pl. *Bûlâqiya*, originaire de Bûlâq. L'ethnique est au pluriel parce qu'il s'applique à tous les membres d'une même famille.

BOUTBOUL : V. ABITBOL.

BRAKA, BRAKHA, COHEN-BRAKHA :
< De l'hébreu בְּרָכָה *brakha*, « bénédiction » (Sander et Trénel, *op. cit.*, p. 83).

BRAMI, BRAHMI, ABRAHAMI :
< De l'hébreu אַבְרָהָם *Abraham* (*Gén.* 17, 5), cf. Sander et Trénel, *op. cit.*, p. 6. Sur Abraham a été tormé l'adjectif relatif Abrahâmî, signifiant « de la descendance d'Abrâhâm », qui a donné Brami par aphérèse de la première lettre.

Ce nom est attesté à Tunis au XIXe siècle. *Ketubbah* de Abraham, fils de Salomon Ha-Cohen, et de Guemara, fille de Joseph Brami, en date du 15 avril 1870 (*Registres matrimoniaux* n° 961).

BRAMLI, BRAMLY :
< De l'arabe براملي *brâmlî*, « tonnelier » (M. Beaussier, *op. cit.*, p. 49). Nom de métier devenu patronyme, porté par des juifs comme par des musulmans (cf. P. Marty, *op. cit.*, p. 397).

BSIRI : V. BCHIRI.

BUENO :
< De l'espagnol *bueno*, « bon » (R. Navas, *op. cit.*, p. 256). Surnom devenu patronyme. Equivalent de l'arabe *tayyeb* qui signifie aussi « bon ».

Nom attesté à Tunis au XIXe siècle. *Ketubbah* de Shalom, fils de Joseph Bueno, et de Reine, fille de Abraham Astrologo, en date du 16 octobre 1853 (*Registres matrimoniaux* n° 537).

C

CACOUB :
< De l'arabe كوكب *kawkab*, « astre », « étoile » (M. Beaussier, *op. cit.*, p. 884).
< De l'hébreu *kokav*, « étoile » (Sander et Trénel, *op. cit.*, p. 278).
Dans un cas comme dans l'autre, il s'agirait d'un nom votif donné à un enfant, en souhaitant qu'il soit né sous une bonne étoile.

CAHLOUN : V. KAHLOUN.

CALO :
< Du grec Χαλωνυμοσ, *kalônumos* « beau nom ». Avec ceux qui le portaient, le nom est passé de Grèce en Italie (cf. C. Roth, *Gli Ebrei in Venezia*, Rome 1933, p. 213). Le nom primitif a été écourté pour devenir Calò.

Ce nom est attesté à Tunis au XIXe siècle. *Ketubbah* de Abraham, fils de Baruch Calo, et de Fortunée, fille de Elie Attias, en date du 18 avril 1859 (*Registres matrimoniaux* n° 679).

CALVO :
< De l'espagnol *calvo*, « chauve » (cf. R. Navas, *op. cit.*, p. 279).
< Du nom de lieu *Calvo*, nom de nombreuses localités espagnoles situées sur quelque « mont chauve », c'est à dire une hauteur déboisée. Ex. : *Calvo* dans la province de Pontevedra.

Ce nom est attesté à Tunis à la fin du XVIIe siècle. Un acte du Consulat de France du 1er mai 1686 fait mention de Manuel da Silva Calvo parmi les membres de la « nation juive livournaise » de Tunis (P. G., *op. cit.*, t. VIII, p. 59-60)

Ce nom est attesté à Tunis à la fin du XVIIIe siècle. *Ketubbah* de Isaac, fils de Messaoud Platero, et de Esther, fille de Abraham Calvo, en date du 19 avril 1799 (*Registres matrimoniaux* n° 194).

CARACO :
< De l'espagnol *caracol*, « escargot », « colimaçon » (R. Navas, *op. cit.*, p. 297). Sobriquet devenu nom patronymique.
Ce nom est répandu parmi les juifs de l'Empire ottoman (cf. M. Franco, *Essai sur l'histoire des Israélites de l'Empire ottoman*, Paris 1897, p. 284).

CARCASSONNE :
< Du nom de lieu *Carcassonne*, ville française du sud-ouest de la France.

Nom de juifs français établis en Tunisie.

Nom attesté à Tunis au XIXe siècle. *Ketubbah* de Joseph, fils de Aaron Carcassonne et de Myriam, fille de Joseph Touriel, en date du 25 février 1852 (*Registres matrimoniaux II*, n° 192).

Le dénommé Joseph Carcassonne prend part à l'Assemblée générale de la nation française à Tunis, le 30 décembre 1858 (P. G., « Notables français à Tunis de 1592 à 1881 », dans *R. T.* 1942, p. 231).

Sur une liste de maisons de commerce établies à Tunis en 1865, figure celle de Carcassonne aîné, de nationalité française (Ch. Cubisol, *op. cit.*, p. 65).

CARDOSO, CARTOZO :

< Du nom de lieu *Cardozo*, ville portugaise de la région de Viseu, ou ville espagnole de la province de Guadalajara (R. Navas, *op. cit.*, p. 301). Ce toponyme correspond à un terrain couvert de chardons.

Nom attesté à Tunis à la fin du XVIIIe siècle. *Ketubbah* de Ruben, Hay, fils de Abraham Cardoso, et de Reine, fille de Daniel Franco, en date du 11 avril 1789 (*Registres matrimoniaux* n° 15).

Sur une liste de maisons de commerce établies à Tunis en 1865, figure celle de J. H. Cardoso, de nationalité italienne (Ch. Cubisol, *op. cit.*, p. 65).

Daniel Cardoso (m. 1872) a succédé à Joseph Lumbroso dans les fonctions de Ab bet-dîn, grand-rabbin, de la communauté livournaise de Tunis, et les a exercées de 1868 à sa mort survenue en 1872 (P. S., Histoire..., *p. 133, n. 68).*

Maurizio Cardoso, né à Sousse en 1877, médecin-chirurgien, a été directeur de l'Hôpital italien et de l'Hôpital israélite de Tunis (A. Arrouas, Livre d'or, *p. 52).*

CARIGLIO :

Nom d'origine incertaine.

< Du nom de lieu *Caraglio*, ville italienne du Piémont, province de Cuneo.

< De l'espagnol *Carillo*, « joue » (R. Navas, *op. cit.*, p. 307). Sobriquet donné à une personne joufflue ? La graphie *Cariglio* serait due à une transcription à l'italienne.

Ce nom est attesté à Tunis à la fin du XVIIIe siècle. *Ketubbah* de Joseph, fils de Abraham Cariglio, et de Simha, fille de Raphaël Cariglio, en date du 17 février 1796 (*Registres matrimoniaux* n° 136).

CARMI :

< De l'hébreu כַּרְמִי *karmi*. 1°. « Vigneron ». 2°. Nom propre masc. Ex. : Karmi, fils de Ruben (*Gen.* 46, 9), cf. Sander et Trénel, *op. cit.*, p. 302.

Nom attesté à Tunis à la fin du XVIIIe siècle. *Ketubbah* de Samuel, fils de Isaac Rodriguez et de Venuda, fille de Mardochée Carmi, en date du 28 février 1797 (*Registres matrimoniaux* n° 161).

CARMONA :
< Du nom du lieu *Carmona*, ville espagnole de la province de Séville (R. Navas, *op. cit.*, p. 303).

CAROUBI, CARROUBI : V. KHARROUBI.

CARVALHO, CARVAGLIO :
< Du portugais *carvalho*, « chêne » (D. Azevedo, *op. cit.*, p. 175). Carvaglio représente une graphie à l'italienne.

Ce nom est attesté à Tunis à la fin du XVIIe siècle. Un acte du Consulat de France en date du 1er mai 1686 fait mention de Jacob Baruch Carvalho, membre de la « nation juive livournaise » (P. G., *op. cit.*, t. VIII, pp. 59-60).

Au XIXe siècle, *Ketubbah* de Abraham, fils de Mardochée, Baruch Carvallio, et de Anne, fille de Shalom Gandus, en date du 22 janvier 1812 (*Registres matrimoniaux* n° 369).

Mardochée Baruch Carvalho a exercé les fonctions de grand-rabbin de la communauté livournaise de Tunis de 1752 à 1785. Il a laissé deux ouvrages : Tohafot Reem *et* Mira Dakhiya, *publiés tous deux à Livourne, le premier de son vivant, en 1761, le seccond après sa mort, en 1792 (cf. D. Cazès,* Notes bibliographiques..., *pp. 77-85).*

CASSUTO :
Nom d'origine obscure.
Ce patronyme est-il le résultat d'une interversion de deux lettres dans le nom *Sacuto* ?
Ce nom se rencontre dans l'ancien Empire ottoman (cf. M. Franco, *op. cit.*, p. 285).

Nom attesté à Tunis à la fin du XVIIIe siècle. *Ketubbah* de Samuel, fils de Jacob Costa, et de Rachel, fille de David Cassuto, en date du 22 mars 1791 (*Registres matrimoniaux* n° 54).

CASTELNUOVO :
< Du nom de lieu *Castelnuovo*. Il existe trois localités de ce nom en Toscane : Castelnuvo de Berardinga, dans la province de Sienne ; Castelnuvo de Garfagnana, dans la province de Massa Carrara ; Castelnuvo du Val de Cenira, dans la province de Pise.

Un Castelnuovo figure sur une liste de sujets toscans établis à Tunis en 1848 (*R. T.* 1935, pp. 116-117).

Ketubbah de Moïse, fils de Juda Castelnuovo, et de Rachel, fille de Pinhas Errera, en date du 14 décembre 1853 (*Registres matrimoniaux* n° 542).

Castelnuovo (Giacomo), né à Livourne en 1827. Médecin d'Ahmed-Bey et de Muhammed Bey de 1851 à 1858. De retour en Italie, après un bref séjour en Egypte, il devint le médecin particulier de Victor-Emmanuel II. Négocia le traité italo-tunisien du

8 septembre 1868. Auteur d'un ouvrage médical : Osservazioni medico-fisiche sul clima e gli abitanti di Tunisi, *Milan 1865. Président du Comité local de l'*Alliance israélite universelle *(1877-1878). Mort à La Goulette le 31 août 1886 (V. Bruno di Porto, « Giacomo di Castelnuovo ed il suo diario di guerra » dans* Rassegna storica del Risorgimento, *juillet-septembre 1973).*

CASTRO :

< Du nom de lieu *Castro*. Ce nom est celui de nombreuses villes d'Espagne et du Portugal, parmi lesquelles : Castro del Rio en Espagne (province de Cordoue), Castro d'Ayre au Portugal (province de Bura).

Ce nom est attesté à Tunis dans la deuxième moitié du XVIIe siècle. Des actes du Consulat de France font état de diverses opérations effectuées par Abraham Castro qui fut appelé à exercer la charge de caïd des juifs (P. G., *op. cit.*, t. VII, pp. 118, 170, 298).

A la fin du XVIIIe siècle, *ketubbah* de David, fils de Abraham Guedalia, et de Simha, fille de Elie Hay Castro, en date du 14 septembre 1791 (*Registres matrimoniaux* n° 65).

Abraham Castro a créé vers 1885, en association avec Sion Uzan, la première imprimerie hébraïque à Tunis, sous le nom de « Imprimerie Internationale ». Elle fut successivement située rue des Glacières, puis rue Sidi bou-Mendjel.

CATTAN :

< De l'hébreu קָטָן et קָטֹן *qatan*. 1°. Adj. signifiant « petit ». 2°. Nom propre masc. Ex. : Oatan (*Esdr.* 8, 12), cf. Sander et Trénel, *op. cit.*, p. 639. < De l'arabe قطّان *qattân*, « marchand de cotonnades » (M. Beaussier, *op. cit.*, p. 815). Nom de métier devenu patronyme. C'est cette deuxième étymologie qui nous semble la plus probable.

Nom attesté à Tunis à la fin du XVIIIe siècle. *Ketubbah* de Daniel, fils de Meïr Lumbroso, et de Sara, fille de Isaac Cattan, en date du 1er avril 1795 (*Registres matrimoniaux* n° 123).

*Albert Cattan (1875-1932). Né à Tunis, dans une famille d'origine algérienne, de nationalité française. Après des études de médecine à Lyon, a exercé la médecine à Tunis de 1902 à 1932. Gagné jeune encore aux idées socialistes, fut l'un des principaux animateurs de la Fédération socialiste de Tunisie. Représentant élu de la population française à la Conférence consultative, de 1912 à 1922, et au Grand Conseil de 1922 à 1932, il y défendit en accord avec ses convictions des solutions libérales et généreuses (*Médecine et Médecins de Tunisie de 1902 à 1952, *Tunis 1952, pp. 141-143).*

CAZES :

< Du nom de lieu *Cacès*, ville espagnole de la province de Lugo (cf. R. Navas, *op. cit.*, p. 267).

D. Cazès (1850-1913). Né à Tétouan, vint à Tunis en 1878, comme directeur des écoles de l'Alliance israélite universelle, et il en assura la direction jusqu'à son départ en 1893. Il a laissé deux ouvrages sur le judaïsme tunisien : Essai sur l'histoire des

Israëlites de Tunisie, *Paris 1888 ;* Notes bibliographiques sur la littérature juive tunisienne, *Tunis 1893 (cf. P. Lambert,* Dictionnaire..., *p. 99).*

CESANA :

< Du nom de lieu *Cesana*, ville italienne d'Emilie, près de Rimini.

Nom attesté à Tunis à la fin du XVIIIe siècle. *Ketubbah* de Menahem, Hay, fils de Abraham Cesana, et de Rachel, fille de Isaac Cesana, en date du 5 novembre 1794 (*Registres matrimoniaux* n° 112).

Sur une liste de maisons de commerce établies à Tunis en 1865, figure celle de Z. Cesana, de nationalité italienne (Ch. Cubisol, *op. cit.*, p. 65).

CHAFFAR : V. SAFFAR.

CHAKROUN, CHEKROUN :

< De l'arabe أشقر *âshqar*, « blond », « roux » (M. Beaussier, *op. cit.*, p. 532). Avec la terminaison *ûn*, de la forme augmentative, donne *shaqrûn*, « très roux ». Sobriquet dicté par une particularité physique, devenu patronyme. Ce nom est porté par des juifs comme par des musulmans.

CHALOM, SCIALOM :

< De l'hébreu שָׁלוֹם *shalom.* 1°. subst. « paix ». 2°. nom propre masc. (Sander et Trénel, *op. cit.*, p. 749). La forme Scialom correspond à une trancription à l'italienne (sh = sc).

Nom attesté à Tunis à la fin du XVIIIe siècle. *Ketubbah* de Jacob, fils de Mardochée de Paz, et de Léa, fille de Daniel Shalom, en date du 19 juin 1788 (*Registres matrimoniaux* n° 3).

Sur une liste de maisons de commerce établies à Tunis en 1865, figure celle de A. de M. Scialom, de nationalité italienne (Ch. Cubisol, *op. cit.*, p. 67).

Jacques Chalom (1878-1955). Avocat-défenseur près la Cour d'appel de Tunis. Docteur en droit, avec une thèse intitulée : Les Israélites de la Tunisie. Leur condition civile et politique, *Paris 1908.*

Victor Scialom (1871-194X), avocat au barreau de Tunis, bâtonnier de l'ordre des avocats (1919-1921), avocat défenseur depuis 1923, ancien syndic des avocats-défenseurs, a soutenu l'action du journal Le Défenseur *fondé par Nessim Haddad, qui parut de 1908 à 1911 (cf. P. Lambert,* Dictionnaire..., *pp. 149-150).*

Dario Scialom (1880-1966). Né dans une famille livournaise de Tunis, après des études de médecine à Montpellier, fut le médecin de S. A. le Bey et l'accompagna lors de ses voyages en France, en 1929 et en 1930. Président de l'Association des anciens élèves de l'Alliance israélite universelle, membre de l'Assemblée des Quarante, élue à la tête de la communauté israélite de Tunis en 1951. Son dévouement et sa générosité lui ont valu une grande popularité parmi les humbles. Il fut durant toute sa vie le « médecin du ghetto ».

CHALTIEL :
< De l'hébreu שְׁאַלְתִּיאֵל *Shalti-el* (celui que j'ai demandé à Dieu), nom propre masc. Ex. Chaltiel (I *Chr.* 3, 17), cf. Sander et Trénel, *op. cit.*, p. 723. Nom individuel devenu patronyme.

CHAMAMA : V. SAMAMA.

CHAOUAT, CHAOUATTE :
Nom d'origine incertaine.
< Du nom de lieu *Chaouat*, localité située à l'ouest de Tunis, dans le caïdat de Tebourba.
< De l'arabe شاوط *shâwt*, « se presser », « se hâter » (M. Beaussier, *op. cit.*, p. 549). Le nom d'agent شاوّاط *shâwwât* pourrait signifier « qui a l'habitude de se presser ».
Le rabbin Fraji Chaouat, mort dans les premières années du XVIIe siècle, a laissé de nombreux piyyûtim, *récemment édités à Jérusalem (*The poems of Fraji Shawwât, *critical edition with introduction and commentary by Ephraïm Hazan, Jérusalem 1976). Ce rabbin auquel on prêtait un pouvoir d'intercession auprès du Très-Haut, n'a pas tardé à faire l'objet d'un culte populaire. Sa tombe à Testour est devenue le but d'un pélerinage, qui avait lieu chaque année, au début de l'automne, le troisième et le quatrième jour de la fête de Sukkot (cf. J. Montels, « Excursion à Béja » dans* Revue Tunisienne *1894, pp. 90-93).*

CHAOUL :
< De l'hébreu שָׁאוּל *Shaoul* (demandé), Saül. 1°. le roi Saül (I *Sam* 9,2). 2°. nom propre masc. (Sander et Trénel, *op. cit.*, p. 721).

CHAYA, BEN CHAYA :
< De l'hébreu יְשַׁעְיָה *Isha'yah* (Que Dieu sauvera), Isaïe. Nom propre masc. Ex. Isaïe (*Esdras* 8, 7, 19 ; *Néhémie* 11, 7), cf. Sander et Trénel, *op. cit.*, p. 268, avec une aphérèse de la lettre initiale. Précédé de l'indice de filiation *ben*, donne *Ben Chaya*, c. à d. « le fils de Chaya ».

CHEKLI, CHIKLI, CHIKLY, CHICLY :
< De l'arabe شَكْلة *shakla*, « petite mèche de cheveux que les juifs laissaient tomber au-dessus de l'oreille » (M. Beaussier, *op. cit.*, p. 535).
< De l'arabe شِكْلة *shikla*, signe distinctif porté par les juifs du Maghreb au Moyen Age (cf. Zerkechi, *Chronique des Almohades et des Hafsides*, trad. E. Fagnan, Constantine 1895, p. 19 et n. 2).
Dans un cas comme dans l'autre, il faudrait voir dans Chekli un adjectif relatif.

CHEKROUN : V. CHAKROUN.

CHELLI, CHELLY :
< De l'arabe شلّي *shellî*, « gaucher » (M. Beaussier, *op. cit.*, p. 536). Sobriquet devenu patronyme. Ce nom est porté par des juifs comme par des musulmans.

CHEMAMA : V. SAMAMA.

CHEMLA, SCEMLA :
< De l'arabe شملة *shamla* « longue et large ceinture de laine ou de coton » (M. Beaussier, *op.cit.*, p. 541). Le nom primitif était peut-être *Bû-Shemla* « l'homme à la large ceinture » (cf. les noms portés par des musulmans : Bou-Jebba, Bou-Gandoura, Bou-Kadroun, Bou-Abbâna, v. P. Marty, *art. cit.*, pp. 399-400). La graphie Scemla correspond à une trancription à l'italienne (sh = sc).

Ce nom est attesté à Tunis au XIXe siècle. *Ketubbah* de Isaïe, Haïm, fils de Joseph Hai Dardour, et de Reine, fille de David Chemla, en date du 26 août 1868 (*Registres matrimoniaux* n° 890).

Jacob Chemla (1858-1938), né à Tunis, fut l'un des principaux représentants de la presse et de la littérature judéo-arabes. Il a été le directeur et le rédacteur des journaux Musharrâr al-asdâr *(1886),* al-Bustân *(1888),* al-Haqîqa *(1895). On lui doit la traduction en judéo-arabe du* Comte de Monte-Cristo, *publiée d'abord en feuilleton puis en volume (D. Hagege,* Littérature judéo-arabe tunisienne, *Sousse, 1939, pp. 38-45).*

Saül Chemla (1892-1956), né à Tunis, a fait ses études de médecine à Paris, Lyon et Montpellier. Praticien estimé, il a exercé pendant de nombreuses années les fonctions de médecin municipal. Collaborant au journal L'Egalité *de J. Cohen-Ganouna, il y a défendu les principes et les valeurs du judaïsme traditionnel. Ses articles ont été réunis en brochure sous le titre :* Le judaïsme tunisien se meurt. Un cri d'alarme, *Tunis, 1939.*

CHEMOUL :
< De l'hébreu שְׁמוּאֵל *Shamu-el* (Dieu a exaucé), nom propre masc. Ex. : Samuel, juge et prophète (I *Sam* 1, 20), cf. Sander et Trénel, *op. cit.*, p. 757.

CHEMOUNI, CHEMOUNY :
< De l'hébreu שִׁמְעוֹן *Shime'on* (être exaucé), Siméon, nom propre masc. Ex. : Siméon, deuxième fils de Jacob (*Gen.* 29, 33), dont dérive *Shime'oni*, adjectif relatif signifiant « de la famille de Siméon » (cf. Sander et Trénel, *op. cit.*, p. 760).

CHERKI, CHOURAKI :
< De l'arabe شرقي *sharqî*, « oriental », « levantin » (M. Beaussier, *op.*

cit., p. 523). Adjectif d'origine devenu patronyme.

CHETBOUN, CHITBOUN, CHITEBOUN : V. SETBON.

CHIKLI : V. CHEKLI.

CHICHEPORTICHE, CHICHE :
< Du catalan *Sasportas*, signifiant « les portes », dont *Chicheportiche* serait une déformation. Le nom Chicheportiche écourté aurait donné le nom *Chiche* (M. Eisenbeth, *op. cit.*, p. 113).

Ce nom est attesté à Tunis au XVe siècle. Le rabbin Joseph Chicheportiche de Tunis était un correspondant de Simon b. Simah Duran (m. 1442), (d'après M. Eisenbeth, op. cit., *p. 113).*

CHMILA :
< De l'hébreu שְׁמוּאֵל *Shamu-ël* (Dieu a exaucé), nom propre masc. Ex. : Samuel, juge et prophète (I *Sam.*, 1, 20), cf. Sander et Trénel, *op. cit.*, p. 757. *Shmîla* est le diminutif de Shamu-ël.

CHOUCHAN, CHOUCHANA, BEN-CHOUCHAN :
< De l'hébreu שׁוֹשָׁן *Shushan*, « lys » (Sander et Trénel, *op. cit.*, p. 738).
< De l'arabe سوسان *Sûssân*, « lys » (M. Beaussier, *op. cit.*, p. 502). Dans le parler arabe des juifs de Tunis, ce mot est prononcé comme *Shûshân.*
Ce nom, précédé de l'indice de filiation arabe *ben*, donne *Ben-Chouchan.*

CHOUFFAN, SOUFFAN :
Nom d'origine incertaine.
< De l'arabe شاف يشوف *shâf, yshûf*, « voir ». Le suffixe *ân*, donnerait à *shûffân* le sens de « qui voit », « qui épie », « qui convoite ».
N. B. : Sur le suffixe *ân*, cf. D. Cohen, *op. cit.*, t. II, p. 177.

CHOURAKI : V. CHERKI.

CITTANOVA :
< Du nom de lieu *Cittanova*, ville italienne d'Istrie, près de Trieste.
Ce nom est attesté à Tunis au XIXe siècle. *Ketubbah* de Moïse, fils de Jacob Cittanova et de Mazal Tob, fille de Isaac Younès, en date du 31 mai 1868 (*Registres matrimoniaux* n° 886).

CODAR, COUDAR, COHEN-CODAR, COHEN-COUDAR, KODAR :
< De l'arabe قدر *qadar*, « puissance », « considération », « faveur » (M. Beaussier, *op. cit.*, pp. 780-1). Cette appellation a pu s'appliquer à un homme puissant ou jouissant de la faveur des grands.

COHEN, COEN :
< De l'hébreu כֹּהֵן *Kohen*, « serviteur de Dieu », « prêtre » (*Gen.* 14, 18), cf. Sander et Trénel, *op. cit.*, p. 278. Depuis la destruction du Temple de Jérusalem, et la suppression des sacrifices, les Cohanim ont conservé un certain nombre de prérogatives : 1°. être les premiers à lire la Torah ; 2°. prononcer la bénédiction sacerdotale ; 3°. procéder au rachat des premiers-nés.
Ce nom entre dans la composition de nombreux patronymes : Cohen-Aloro, Cohen-Boulakia, Cohen-Coudar, Cohen-Gali, Cohen-Ganouna, Cohen-Hadria, Cohen-Jonathan, Cohen-Rosa, Cohen-Scali, Cohen-Solal, Cohen-Tanugi, Cohen-Zardi. Mais on le rencontre le plus souvent sans précision : *Cohen-Hâf*, c. à d. Cohen, tout court (cf. N. Moatti, *Les Belles de Tunis*, Paris 1984, p. 223). Coen est une graphie italienne.

Abraham Cohen (m. 1715) appelé « Baba-Rebbi », célèbre et prestigieus rabbin de Tunis, a pris avec Simah Sarfati une part importante au développement des études talmudiques et cabalistiques (D. Cazès, Notes bibliographiques..., *p. 93).*

Abraham Cohen-Itshaki (m. 1864). Rabbin de Tunis, contemporain de Yeshu'a Bessis, shohet, *puis* dayyân, *a laissé de nombreux ouvrages. Le plus important, intitulé* Mashmarot Kahuna *(i. e. « Observations de Kohen »), publié à Livourne en 1862, est constitué par des commentaires de traités talmudiques (D. Cazès,* Notes bibliographiques..., *pp. 98-113).*

Jacob Cohen (1872-1914), un des plus importants représentants de la littérature judéo-arabe tunisienne. Fondateur et rédacteur de nombreux journaux : des hebdomadaires al-Nusra *(1891),* Nasser al-Muhayyerîn *(1892),* al-Shams *(1904) et du quotidien* al-Sabah *(1904-1914). Il a publié en feuilleton, puis en volumes séparés, des traductions en judéo-arabe de romans à succès. Ex. :* L'Aigle rouge *de James Dawson (cf. D. Hagège,* Littérature judéo-arabe tunisienne, *pp. 46-55).*

CONSTANTINI, CONSTANTIN :
Ethnique correspondant au nom de lieu قسنطينة *Qsantîna*, Constantine (cf. M. Beaussier, *op. cit.*, p. 803). Le nom arabe *Qsantînî* est porté par des juifs comme par des musulmans, originaires de Constantine.

Nom attesté à Tunis au XIXe siècle. *Ketubbah* de Joseph, fils de Elkana Constantini, et de Esterella, fille de Emmanuel Funaro, en date du 4 octobre 1865 (*Registres matrimoniaux* n° 818).

CORCOS, KORKOS, KARKOUS :

< Du nom de lieu *Corcos*. Deux villes d'Espagne portent ce nom : l'une dans la province de Valladolid, l'autre dans la province de Léon (R. Navas, *op. cit.*, p. 470).

Nom attesté à Tunis à la fin du XVIIIe siècle. *Ketubbah* de Juda, fils de Eliézer Ohana, et de Deborah, fille de Abraham Corcos, en date du 21 mars 1797 (*Registres matrimoniaux* n° 165).

Un Corcos figure sur une liste de sujets toscans établis à Tunis en 1848 (*Revue Tunisienne* 1935, pp. 116-117).

COSCAS : V. KHOSHKHASH.

COSTA :

< De l'espagnol *costa*, « côte », qui entre dans la formation du nom de nombreuses villes côtières. Ex. : Costa del Sol.

< De l'italien *costa*, toponyme fréquent dans toute l'Italie, correspondant à des localités situées sur une hauteur ou en bordure du rivage (De Felice, *op. cit.*, pp. 108-109).

Ce nom est attesté à Tunis au début du XVIIIe siècle. Un acte du Consulat de France, en date du 8 août 1701, fait mention d'un sensal juif nommé Eliaou de Costa (P. G., *op. cit.*, t. X, p. 21).

Ketubbah de Isaac, fils de Abraham Hay Costa, et de Simha, fille de Daniel Lumbroso, en date du 19 juin 1788 (*Registres matrimoniaux* n° 4).

CREMISI :

< De l'arabe خميس *Khemîs*. 1°. adj. = cinquième ; 2°. nom propre masc. *Khemis* (M. Beaussier, *op. cit.*, p. 309). Le nom arabe a été italianisé.

CRIEF : V. KHRIEF.

CTORZA : V. KTORZA.

CURIEL :

< Du nom de lieu *Curiel*, ville espagnole de la province de Valladolid (R. Navas, *op. cit.*, p. 436).

Nom attesté à Tunis à la fin du XVIIIe siècle. *Ketubbah* de Jacob, fils de Abraham Curiel, et de Palomba, fille de Raphaël Shalom, en date du 10 avril 1797 (*Registres matrimoniaux* n° 167).

D

DABI :

< De l'arabe ذهبي *dahabî*, « doré », « couleur d'or » (M. Beaussier, *op. cit.*, p. 368). Nom donné à un enfant aux cheveux blonds, devenu patronyme. Nom porté par des juifs comme par des musulmans (cf. P. Marty, *art. cit.*, p. 395).

DADI :

< De l'arabe داود *Dâwd*, forme arabisée de l'hébreu David (M. Beaussier, *op. cit.*, p. 321), dont *Dâdî* pourrait être un diminutif.
< De l'hébreu דּוֹד *dod*, « ami », « bien-aimé » (Sander et Trénel, *op. cit.*, p. 117). Avec le prénom affixe de la première personne, devient *dodi*, « mon ami », « mon bien-aimé ».

DADOUN :

< De l'arabe داود *Dâwd*, forme arabisée de l'hébreu David (M. Beaussier, *op. cit.*, p. 321). Avec la terminaison *ûn* de la forme augmentative, a pu donner Dadoun.
< De l'espagnol *dado*, part. passé de *dar*, « donné ». Prénom attribué à un enfant considéré comme un don de Dieu. Avec la terminaison *ûn* de la forme augmentative, a pu donner Dadoun.

DAHAN, BEN DAHAN :

< De l'arabe دهّان *dahhân*, « peintre » (M. Beaussier, *op. cit.*, p. 350). Nom de métier devenu patronyme. Avec l'indice de filiation donne *Ben Dahan*, m. à m. « le fils de Dahan » ou « le fils du peintre ».

DANA :

< De l'hébreu דָּן *dan*, « juge ». Nom propre masc. Ex. Dan, fils de Jacob, patriarche de la tribu de ce nom (*Gen.* 30, 6), cf. Sander et Trénel, *op. cit.*, p. 127 .
< De l'hébreu דַּנָּה *Danah*, ville de la tribu de Juda (*Josué* 15, 49), cf. Sander et Trénel, *op. cit.*, p. 127).

Nom attesté à Tunis à la fin du XVIIIe siècle. *Ketubbah* de Israël, fils de Nehoray Jarmon, et de Rachel, fille de Bejamin Ben Dana, en date du 5 octobre 1791 (*Registres matrimoniaux* n° 66).

R. Shelomo Dana (1850-1913), éminent talmudiste de Tunis, fondateur de la Hevrat limud ha-Talmud *(« Association pour l'étude du Talmud »), a formé de nombreux rab-*

bins et juges tunisiens (cf. Kountrass *n° 34, mars-juin 1992, pp. 27-28). Ses écrits ont été réunis dans le livre intitulé* Shalme Toda, *publié par ses disciples après sa mort, en 1918.*

DANI :

< De l'hébreu דָּנִיֵּאל *Dani-el* (« Dieu est mon juge »), nom propre masc. Ex. Daniel (*Dan.* 4, 5), cf. Sander et Trénel, *op. cit.*, p. 127. Dani est le diminutif de Daniel.

DANINOS :

< Du nom de lieu *Dañinos*, ville espagnole de la province de Salamanque.

Nom attesté à Tunis au XIXe siècle. Alfred Daninos prend part à l'Assemblée générale de la nation française, le 31 décembre 1849 (P. Grandchamp, « Notables français à Tunis de 1592 à 1881 », dans *Revue Tunisienne*, 1942, p. 201).

DANON :

< De l'hébreu דָּן *Dan*, « juge », nom propre masc. Ex. Dan, fils de Jacob, patriarche de la tribu de ce nom (*Gen.* 30, 6), cf. Sander et Trénel, *op. cit.*, p. 127. Avec le suffixe espagnol *on* de la forme augmentative, a donné *Danon.*

Vitalis Danon (1897-1969). Né à Andrinople, diplômé de l'Ecole normale orientale de Paris. Enseignant dans les écoles de l'Alliance israélite de Sfax et de Tunis, a fini par en assurer la direction (1953-1960). A publié des nouvelles inspirées par la vie et les croyances des juifs de Tunisie : Aron le colporteur *(1933) ;* Dieu a pardonné *(1934) ;* Ninette de la rue du Péché *(1938).*

DARDOUR :

< De l'arabe دردور *dardûr*, subst. masc. « mélange de lait et de beurre fondu » (M. Beaussier, *op. cit.*, p. 330). Nous voyons mal comment ce mot a pu être un surnom et devenir un patronyme. Ce nom est porté par des juifs comme par des musulmans.

Nom attesté à Tunis à la fin du XVIIIe siècle. *Ketubbah* de Juda, fils de Joseph Capoua, et de Esther, fille de Abraham Dardour, en date du 28 mai 1769 (*Registres matrimoniaux* n° 17).

DARMON, DARMOUNI, DARMOUNY :

< De *Darmûn*, nom d'une fraction de la tribu berbère des Haouara, refoulée au pied de l'Aurès, dans le Constantinois (M. Eisenbeth, *op. cit.*, p. 118). Avec l'adjonction d'un *ya* donne l'adjectif relatif, *Darmûnî*, signifiant « de la famille de Darmon ».

Ce nom est attesté à Tunis dans la deuxième moitié du XVIIe siècle. Des actes du Consulat de France font état des opérations effectuées par Mordekhay Darmon (P. G., *op. cit.*, t. VII, pp. 320 et 321 ; t. VIII, pp. 17 sqq.).

Nom attesté à Tunis à la fin du XVIIIe siècle. *Ketubbah* de Mardochée Hay, fils de Isaac Darmon, et de Léa, fille de Joseph Darmon, en date du 31 décembre 1789 (*Registres matrimoniaux* n° 31).

Moïse Darmon (m. 1741), membre de la communauté livournaise, a laissé le souvenir d'un savant talmudiste et d'un grand cabaliste (R. Arditti, « Les Epitaphes rabbiniques... » dans Revue Tunisienne *1931, pp. 110-111).*

Raoul Darmon (1885-1976). Avocat à la cour d'appel de Tunis, docteur en droit, il est l'auteur d'une thèse intitulée La situation des cultes en Tunisie, *Paris, 1930, dans laquelle il consacre d'importants développements aux institutions juives de Tunisie. Dans son livre* La Déformation des cultes en Tunisie, *publié en 1945, qui a reçu le Prix de Carthage, il a noté finement les déformations subies par les diverses religions, au contact les unes des autres.*

DAVID, BEN DAVID :
< De l'hébreu דָּוִיד *David*, nom propre masc. Ex. : David, roi d'Israël (I *Rois* 3, 1), cf. Sander et Trénel, *op. cit.*, p. 118. Précédé de l'indice de filiation arabe *ben*, a donné *Ben David*, « le fils de David ».

DAYAN, DAIAN, BEN DAYAN :
< De l'hébreu דַּיָּן *dayyan*, subst. « juge » (Sander et Trénel, *op. cit.*, p. 122). Nom de profession devenu patronyme. Précédé de l'indice de filiation arabe *ben*, a donné *Ben Dayan.*

Nom attesté à Tunis au XIXe siècle. *Ketubbah* de Jacob, fils de Moïse Daïan, et de Sultana, fille de Isaac Slama, en date du 19 août 1868 (*Registres matrimoniaux* n° 888).

DEBACHE, DEBBASCH, DEBBASCHE :
< De l'espagnol *paz*, subst. « paix », trad. de l'hébreu *shalom*, « paix », « salut ». Précédé de l'indice de filiation *de* a donné *de Paz*, c. à d. « fils de Paz », altéré en *Debbasch.*

DEBAG :
< De l'arabe دبّاغ *dabbâgh*, subst. « tanneur » (M. Beaussier, *op. cit.*, p. 323). Nom de métier devenu patronyme, porté par des juifs comme par des musulmans (cf. P. Marty, *art. cit.*, p. 396).

DELLO STROLOGO : V. STROLOGO.

DEMRI :
Ethnique correspondant au Djebel Demmer, massif montagneux qui s'étend au sud de Gabès, appelé aussi Monts des Ksour (*Guide bleu Algérie - Tunisie* 1950, p. 559). Originaire du Djebel Demmer.

R. Eliahu Demri, grand-rabbin de la communauté de El-Hamma, est l'auteur de l'ouvrage Yossef Hay, *consacré au saint d'El-Hamma, Rabbi Yossef al-Maarabi, publié à Jérusalem en 1968.*

DE PAZ : V. PAZ.

DIAI :
Nom d'origine incertaine.
< De l'arabe داعي *dâ'î,* « qui prie Dieu », « qui forme des vœux » (M. Beaussier, *op. cit.*, pp. 336-337).
< De l'arabe ضياء *diyâ,* « lumière », « éclat », « clarté » (M. Beaussier, *op. cit.*, p. 594). *Diyâî* pourrait signifier « lumineux », « éclatant ».

DIDI :
< De l'hébreu דָּוִד *David*, nom propre masc. Ex. : David, roi d'Israël (I *Rois* 3, 1), cf. Sander et Trénel, *op. cit.*, p. 118. Didi est un diminutif de David (cf. D. Cohen, *op. cit.*, t. I, p. 168).

DIHI :
< De l'arabe داهي *dâhî,* adj. « avisé », « rusé » (M. Beaussier, *op. cit.*, p. 351). Surnom individuel devenu patronyme.

DILOUYA, DELOUYA :
< Du nom de lieu *Loja*, ville espagnole de la province de Grenade, précédé de la préposition *di,* marquant l'origine (selon M. Eisenbeth, *op. cit.*, p. 119).
< De l'hébreu דְּלָיָה *Dilayah*, nom propre masc. Ex : Dilayah (*Néhémie*, 6, 10), cf. Sander et Trénel, *op. cit.*, p. 124. Cette dernière étymologie nous semble plus probable.

Nom attesté à Tunis au XIXe siècle. *Ketubbah* de Isaac, fils de Salomon Delouya, et de Guemara, fille de Saadani Setbon, en date du 23 décembre 1868 (*Registres matrimoniaux* n° 906).

DISEGNI : V. SEGNI.

DJAMI : D. JAMI.

DJAOUI : V. JAOUI.

DJEBALI, DJEBLI :
< De l'arabe جبالي *jabâlî,* « montagnard » (M. Beaussier, *op. cit.*, p. 130). Ce nom pourrait signifier plus précisément « originaire du Djebel tripolitain » (cf. P. Marty, *art. cit.*, p. 404).

DJEBNOUN :
< De l'arabe جبان *jabân*, « poltron », « peureux » (M. Beaussier, *op. cit.*, p. 130), avec le suffixe *ûn* de la forme augmentative ?

DJERBI, DJERIBI, ZERBI :
Ethnique correspondant à l'île de جربة *Jarba*, Djerbi : « originaire de Djerba », « Djerbien ».

DJOUARI : V. JOUARI.

DODISCO :
< De l'italien *tedesco*, pl. *tedeschi*, « allemand », dont *Dodisco* serait une déformation. On a relevé les variantes *Todisco* et *Tudesco* (cf. De Felice, *op. cit.*, p. 246).

DONATI :
< De l'italien *donato*, « donné », sous-entendu « par Dieu », auquel on rend grâce (De Felice, *op. cit.*, p. 115). Prénom donné à un enfant à sa naissance, devenu patronyme. Le pluriel *Donati* s'explique par le fait que ce nom est attribué à tous les membres d'une même famille.

DONIO :
< De l'espagnol *dueño*, « maître », « propriétaire » (R. Navas, *op. cit.*, p. 539).
Ce nom était porté par un instituteur de l'Alliance Israélite, originaire de Smyrne.

DOUANI, DAOUANI, DIOUANI :
Nom d'origine incertaine.
< De l'arabe ديوانة *dîwâna*, « douane » (M. Beaussier, *op. cit.*, p. 358). *Diwâni* signifie-t-il « employé de la douane » ?
< De l'arabe دوا *dwâ*, pl. أداوي *âdâwî*, « médicament », « remède » (M. Beaussier, *op. cit.*, p. 359). *Dawânî* signifie-t-il « fabricant de remèdes », « apothicaire », « droguiste » ?
Nom attesté à Tunis au XIXe siècle. *Ketubbah* de Mardochée, fils de Elie Diouani, et de Rachel, fille de Elie Meimoun, en date du 5 avril 1871 (*Registres matrimoniaux* n° 992).

DOUIEB :
< De l'arabe ذيب *dîb*, subst. « chacal » (M. Beaussier, *op. cit.*, p. 370). L'adjonction du groupe *iy*, entre la deuxième et la troisième radicale, donne le diminutif *dwiyeb* (cf. D. Cohen, *op. cit.*, t. II, p. 206) dont le sens est « petit chacal ». Surnom devenu patronyme.

DRAI :
Ethnique correspondant à la vallée de l'Oued Drâa, dans le Sud marocain (cf. *Guide bleu Maroc* 1970, p. 350).

DREYFUS :
< Du yiddish *Trevirsis*, originaire de la ville de Trèves. Sous l'influence des mots allemands *drei*, « trois », et *Fuss*, « pied », a donné Dreyfus (A. Dauzat, *op. cit.*, p. 212).

E

EL-ADDAOUI : V. ADDAOUI.

EL-ALLOUF, ELALLOUF, LELLOUF, LELOUF :
< De l'arabe علف *'allef*, pl. علوف *'allûf*, subst. « fourrage », « orge », « paille » (M. Beaussier, *op. cit.*, p. 671). Le mot précédé de l'article donne *al-allûf*, d'où les transcriptions El-allouf, Elallouf, Lellouf, Lelouf. Ce nom a pu être donné à un marchand de fourrages.

EL-FASSI : V. FASSI.

EL-GHIR : V. GHIR.

EL-GUEZ : V. GUEZ.

EL-HAÏK : V. HAÏK.

ELIA :
< De l'hébreu אֵלִיָּה *Eliyah* (de l'hébreu *El*, l'Eternel et *Ya*, Dieu, m. à m. « l'Eternel est son Dieu »). Nom propre masc. Ex. : Elie, le prophète (I *Rois* 17, 1), cf. Sander et Trénel, *op. cit.*, p. 28. Nom individuel devenu patronyme.

EL-MALIH : V. MALIH.

EL-MALIK : V. MALEK.

EL-MOSNINO, EL-MOUCHNINOU :
< De l'espagnol *limosnero*, adj. « charitable », « aumônier » (R. Navas, *op. cit.*, p. 912). Le mot espagnol *limosna*, comme le mot français *aumône*, dérive du latin populaire *alemosina*, déformation du latin chrétien *eleemosyna*, emprunté au grec *eleemosune*, signifiant « compassion ». Surnom devenu patronyme.

EMINENTE :
< De l'italien *eminente*, adj. signifiant « éminent », « d'un grand mérite » (P. Petrocchi, *op. cit.*, p. 272).

Nom attesté à Tunis au XIXe siècle. *Ketubbah* de Jacob, fils de Salomon Eminente, de Livourne, et de Myriam, fille de Abraham Guttieres de Finia (Finia = Peña), de Pise, en date du 15 janvier 1853 (*Registres matrimoniaux* n° 530).

ENRIQUEZ, HENRIQUES :

< Du prénom espagnol *Enrique*, ou du prénom portugais *Henrique*, avec l'indice de filiation *ez* (espagnol) ou *es* (portugais).

Ce nom est attesté à Tunis au début du XVIIIe siècle. Un acte du Consulat de France à Tunis, en date du 31 janvier 1703, fait mention d'un juif de Tunis dénommé Isaac, Israël Henriquez (P. G., *op. cit.*, t. X, p. 51).

Un Enriquez figure sur une liste de ressortissants toscans établis à Tunis en 1848 (*R. T.* 1935, pp. 116-117).

Sur une liste de maisons de commerce établies à Tunis en 1865, figure celle de Abraham Enriquez, de nationalité italienne (Ch. Cubisol, *op. cit.*, p. 66).

La plus ancienne *ketubbah* d'un membre de la famille Enriquez est celle de Elie, fils de Isaac Hay Lumbroso, et de Gracia, fille de Isaac Enriques, en date du 7 septembre 1791 (*Registres matrimoniaux* n° 63).

Joseph Enriquez (m. 1839) a exercé les fonctions de président du tribunal rabbinique, Ab bet-dîn, *grand-rabbin de la communauté livournaise de Tunis, de 1825 à 1839 (cf. P. S.,* Histoire..., *p. 133, n. 68).*

ERGAS :

Nom d'origine incertaine.

< Du berbère *argas*, subst. signifiant « homme » (M. Eisenbeth, *op. cit.*, p. 124).

< De l'espagnol *vargas*, subst. signifiant « pente raide » et toponyme, dont *Ergas* pourrait être une déformation.

Nom attesté à Tunis au XVIIe siècle. Un acte du Consulat de France, en date du 30 septembre 1679, fait mention d'un marchand dénommé Abraham Ergas (P. G., *op. cit.*, t. VII, p. 326).

ERRERA :

< De *Herrera*, nom de plusieurs villes d'Espagne : Herrera d'Andalousie (prov. de Séville) ; Herrera d'Estremadure (prov. de Badajoz) ; Herrera de Vieille Castille (sur le Pisuerga) ; Herrera d'Aragon (prov. de Saragosse). Toutes ces villes devaient leur nom à l'existence d'une forge (*herrera*).

Nom attesté à Tunis au début du XIXe siècle. *Ketubbah* de Joseph Emmanuel, fils de Pinhas Errera, et de Simha, fille de Moïse, Hay Darmon, en date du 2 mars 1803 (*Registres matrimoniaux* n° 244).

Un Errera figure sur une liste de ressortissants toscans établis à Tunis en 1848 (*R. T.* 1935, pp. 116-117).

Sur une liste de maisons de commerce établies à Tunis en 1865, figure celle de Pinhas Errera, de nationalité italienne (Ch. Cubisol, *op. cit.*, p. 66).

ESKENAZI : V. ASKENAZI.

ESPINOZA : V. SPINOZA.

ESSAYAG : V. SAYYAG.

F

FALDINI :
< De l'italien *Baruffaldo* ou *Ruffaldo* signifiant « batailleur », « bagarreur », après disparition du début et redoublement hypocoristique de la fin (De Felice, *op. cit.*, p. 121). Le nom est au pluriel parce qu'il s'applique à tous les membres d'une même famille.

FARGEON, FARJON, FARJOUN :
< De l'arabe فرج *faraj*. 1°. substantif signifiant « joie », « consolation », « réussite ». 2°. nom propre masc., *Frej* (M. Beaussier, *op. cit.*, pp. 733-734). Avec le suffixe *ûn*, de la forme augmentative, donne *farjûn*, « grande joie ». Cette appellation a pu être donnée à un enfant dont la naissance a été, pour ses parents, d'un grand réconfort.

FARHI :
< De l'arabe فرح *farah*, subst. « joie », « gaieté », « allégresse », dont dérive *farahî*, adj. signifiant « gai », « joyeux » (M. Beaussier, *op. cit.*, p. 734). Surnom devenu patronyme.

Eliezer Farhi, né à Tunis vers 1850, a été l'un des pionniers de la littérature et de la presse judéo-arabes en Tunisie. Fondateur des journaux al-Mubasher *(1884) et* al-Nasr *(1911), il a traduit en judéo-arabe et publié* L'Histoire de Sayf al-Azel *et* L'Histoire d'Anqa. *Il est aussi l'auteur d'histoires originales :* Zîn al-Temâm, Brin d'Eglantine et Baguette de Bambou *(cf. E. Vassel,* Littérature populaire..., *dans* R. T. *1904, pp. 500-507).*

FASSI, EL-FASSI :
Ethnique correspondant à la ville de فاس *Fes*, au Maroc. *Fâsî* : originaire de Fès.

R. Messaoud, Raphaël al-Fassî, né à Fès, décida de se rendre en Terre Sainte. S'étant arrêté en route à Tunis, il s'y établit à la demande de la communauté israélite tunisienne. Il devait en devenir Ab beth dîn, *président du Tribunal rabbinique, grand-rabbin, a la mort de R. Abraham Taïeb. Messaoud Raphaël al-Fassî (m. 1775) et ses deux fils Haïm (m. 1783) et Salomon (m. 1801) ont laissé une œuvre importante publiée sous le titre* Mishha Diribûta, *à Livourne en 1805 (D. Cazès,* Notes bibliographiques..., *pp. 157-164 ; R. Arditti, « Les Epitaphes rabbiniques... » dans* R. T. *1931, p. 115).*

FELLAH, FLAH, FLAK :
< De l'arabe فلاّح *fellâh*, « cultivateur » (M. Beaussier, *op. cit.*, p. 760).

Nom de métier devenu patronyme.

Shalom Flah, né à Sousse en 1858. Excellent hébraïsant, auteur d'ouvrages pour l'enseignement de l'hébreu, correspondant de journaux en langue hébraïque publiés en Europe orientale : Ha-Safira *et* Ha-Magid, *a pris une grande part au développement de la littérature judéo-arabe. Fondateur des journaux* Badar al-Kamel *(1885),* Manwar al-Haqq *(1886),* al-Mutarjem *(1887),* al-Horriya *(1888) ; a collaboré au journal* al-Nejma, *de Makhlouf Nedjar. Mort à l'Ariana en 1936 (D. Hagège,* Littérature judéo-arabe tunisienne, *Sousse, 1939, pp. 28-31).*

FELLOUS, FELLUS :
< De l'arabe فلّوس *fellûs*, pl. فلاليس *flâlis*, subst. « poulet », « poussin » (M. Beaussier, *op. cit.*, p. 760). Apellation affectueuse donnée à un enfant, devenue patronyme.

Ce nom est attesté à Tunis au XIXe siècle. *Ketubbah* de Isaac, fils de David Fellous, et de Simha, fille de Joseph Camio (?), en date du 22 septembre 1858 (*Registres matrimoniaux* n° 666).

FENECH, FENNECH, FENES :
< De l'arabe فنّيش *fannîsh*, « jeune mulet » (M. Beaussier, *op. cit.*, p. 764). Surnom donné à un individu, en raison de son endurance à la fatigue... ou de son entêtement, devenu patronyme.

FERTOUKH :
Nom d'origine incertaine.
< Du catalan *Sasportas*, signifiant « les portes », dont ce serait l'une des nombreuses déformations (M. Eisenbeth, *op. cit.*, p. 113).
< De l'arabe فرطح *fartaha*, signifiant « élargir », « évaser » (M. Beaussier, *op. cit.*, p. 740). Le participe passé de ce verbe, *fartûh*, signifie « élargi », « évasé » et pourrait être un sobriquet donné à une personne au nez camus. Mais comment expliquer la transformation du *ha*, en *kha* ?

FHAL :
< De l'arabe فحل *fhal*, adj. signifiant « viril », « fort », « courageux » (M. Beaussier, *op. cit.*, p. 730). Surnom individuel devenu patronyme.

FINZI :
Ethnique correspondant à la ville italienne de *Faenza*, en Emilie, province de Ravenne. Originaire de Faenza.

Ce nom est attesté à Tunis à la fin de XVIIIe siècle. *Ketubbah* de Elie, fils de Isaac Espinoza, et de Esther, fille de Messaoud Finzi, en date du 17 juillet 1788 (*Registres matrimoniaux* n° 8).

Un Finzi figure sur une liste de ressortissants toscans établis à Tunis en 1848 (*R. T.* 1935, pp. 116-117).

Abraham Finzi (m. 1888) a exercé les fonctions de grand-rabbin de la communauté livournaise de Tunis de 1879 à 1888 (cf. P. S., Histoire..., *p. 133 n. 68).*

Vittorio Finzi, originaire de Livourne, a obtenu du gouvernement beylical l'autorisation d'ouvrir une imprimerie à Tunis, à la date du 4 mai 1880 (N. Pasotti, Italiani e Italia in Tunisia, dalle origini al 1970, *Rome 1970, pp. 199-201).*

FIORENTINO :
< De l'italien *Fiorentino*, Florentin, originaire de Florence. Adjectif d'origine devenu patronyme. Ce nom a-t-il été donné seulement aux originaires de Castiglione-Fiorentino, localité située au sud de Florence ?

Nom attesté à Tunis au début du XIXe siècle. *Ketubbah* de Raphaël, fils de Moïse, Haïm Baruch, et de Mazel, fille de Salomon Fiorentino, en date du 21 juin 1815 (*Registres matrimoniaux* n° 404).

FISCHEL :
< De l'alsacien-lorrain *Fischel*, diminutif de *Fisch*, « poisson ». Surnom donné à un pêcheur ou à un marchand de poisson (cf. A. Dauzat, *op. cit.*, p. 257).

FITOUSSI, FITUSSI :
Nom d'origine incertaine :
Ethnique correspondant à *Fitûs*, village du Djebel Nefousa, en Tripolitaine (M. Eisenbeth, *op. cit.*, p. 126). Mais nous n'avons pas trouvé confirmation de l'existence de ce toponyme (cf. J. Despois, *art. cit.*, dans *R. T.* 1933, pp. 263-284, *carte* p. 264).
< De l'arabe فطس *Fitas*, adj. signifiant « qui à le nez plat et écrasé », « camus » (M. Beaussier, *op. cit.*, p. 754) ?

Ce nom est attesté à Tunis au début du XIXe siècle. *Ketubbah* de Yeshu'a, fils de Aaron Mendes-Ossona, et de Simha, fille de Haïm Fitoussi, en date du 29 mai 1807 (*Registres matrimoniaux* n° 296)

Barukh Fitoussi, qui vécut à Tunis au XVIIIe siècle, est l'auteur de Maqûr Barukh, *(c. à d. « la Source de Barukh »), publié à Livourne en 1790 (D. Cazes,* Notes bibliographiques..., *pp. 174-181).*

Elie Fitoussi (1872-1938), avocat au barreau de Tunis. Docteur en droit avec une thèse intitulée L'Etat Tunisien (1525-1900), *Tunis 1901. Il a représenté les Israélites tunisiens a la Conférence consultative (1907-1918). Il y a défendu les revendications des Israélites tunisiens relatives à l'extension de la juridiction et de la nationalité françaises.*

FLAH : V. FELLAH.

FLAK : V. FELLAH.

FOA :

Nom d'origine obscure porté par des juifs du Midi de la France. Ex. : Edouard Foa, explorateur français, né à Marseille en 1862.

Un Jacques Foa prend part à l'assemblée générale de la Nation française à Tunis le 31 décembre 1849 (P. G., « Notables français... » dans *R. T.* 1942, p. 229).

Dans une liste de maisons de commerce établies à Tunis en 1865, figure celle de César Foa, de nationalité française (Ch. Cubisol, *op. cit.*, p. 66).

FORTI :

< De l'italien *forte*, pl. *forti*, « ferme », « courageux », « doué de force d'âme ». Surnom individuel devenu patronyme. Le pluriel s'explique par le fait que le nom est porté par tous les membres d'une même famille (De Felice, *op. cit.*, p. 127).

Nom attesté à Tunis à la fin du XVIIIe siècle. *Ketubbah* de Moïse, Hay, fils de Salomon Khalfon, et de Rachel, fille de Isaac Forti, en date du 17 novembre 1790 (*Registres matrimoniaux* n° 48).

Le dénommé Vita Forti prend part à l'assemblée générale de la Nation française à Tunis le 31 décembre 1849 (P. G., « Notables français... », dans *R. T.* 1942, p. 229).

FRAÏM :

< De l'hébreu אֶפְרַיִם *Ephraïm*, nom propre masc. Ex. Ephraïm, fils de Joseph, souche de la tribu de ce nom (*Gen.*, 46, 20), cf. Sander et Trénel, *op. cit.*, p. 41, avec aphérèse de la première lettre.

Dans la Hâra de Tunis, il y avait une rue Fraïm reliant le souk el-Grâna et la rue des Colonnes (*Guide Kessis*, p. 57).

FRANCO :

< De l'espagnol *franco*, signifiant « exempté », « affranchi », « libre » (R. Navas, *op. cit.*, p. 693). Cette appellation a pu s'appliquer à un esclave rédimé, comme à un sujet exempté de taxes. N. B. : *franco* = franc ; *francès* = français.
< De l'italien *franco*, signifiant « affranchi », « libre » (A. Petrocchi, *op. cit.*, p. 329).

Ce nom est attesté à Tunis à la fin du XVIIe siècle. Des actes du Consulat de France font état d'opérations effectuées par Abraham Franco (rachats d'esclaves chrétiens, prêts à la grosse aventure, achats et ventes de navires) (P. G., *op. cit.*, t. VIII, pp. 35 sqq.).

A la fin du XVIIIe siècle. *Ketubbah* de Jacob, fils de Isaac Lumbroso, et de Reine, fille de Isaac Franco, en date du 20 mars 1788 (*Registres matrimoniaux* n° 1).

Un Franco figure sur une liste de sujets toscans, établis à Tunis en 1848 (*R. T.* 1935, pp. 116-117).

FRANCHETTI :

< De l'italien *franchetto*, diminutif de *franco*, signifiant « affranchi », « libre » (P. Petrocchi, *op. cit.*, p. 323). Le pluriel s'explique par le fait que le nom s'applique à tous les membres d'une même famille (De Felice, *op. cit.*, p. 128).

Ce nom est attesté à Tunis au début du XIXe siècle. *Ketubbah* de Elie, fils de Isaac Cesana et de Esther, fille de Juda Franchetti, en date du 4 septembre 1805 (*Registres matrimoniaux* n° 273).

FRATI, FRATTI, FRATTY :

< De l'hébreu אֶפְרָת , *Ephrat*, « de la tribu d'Ephraïm », « Ephraïmite » (I *Sam* 1, 1), cf. Sander et Trénel, *op. cit.*, p. 41, avec aphérèse de la première lettre.

FREOA :

< De l'arabe بوفريوة *bû-frîwa*, « noisette », « noisetier » (M. Beaussier, *op. cit.*, p. 85).

FUNARO :

< De l'italien *funaro*, « chi fa o vende fune » (P. Petrocchi, *op. cit.*, p. 331), « fabricant ou vendeur de cordes ». Nom de métier devenu patronyme.

Nom attesté à Tunis à la fin du XVIIIe siècle. *Ketubbah* de Isaac, fils de Abraham Basivi (?), et de Rebecca, fille de Isaac Funaro, en date du 29 mars 1790 (*Registres matrimoniaux* n° 33).

G

GABAI, GABAY :

< De l'araméen גַּבָּאי *gabay*, « collecteur d'impôts ou de taxes » (Sander et Trénel, *op. cit.*, p. 89). Nom de métier devenu patronyme.

Nom attesté à Tunis au début du XIXe siècle. *Ketubbah* de Jacob, fils de Moïse Gabay, et de Reine, fille de Salomon Zaïbi (Zaïbi = Zibi), en date du 9 juillet 1800 (*Registres matrimoniaux* n° 208).

GABISON :

< De l'espagnol *cabezon*, adj. 1°. « qui a une grosse tête » ; 2°. « entêté », « têtu », « cabochard » (R. Garcia-Pelayo, *op. cit.*, p. 167).

< Du nom de lieu *Cabezon*, ville espagnole de la région de Valladolid ou de la région de Santander (R. Navas, *op. cit.*, p. 265).

Ce nom est attesté à Tunis au début du XVIIIe siècle. Une lettre de Nicolas Béranger, en date du 9 août 1704, fait mention d'un marchand juif dénommé Abraham Gavison (Gavison = Gabison), P. G., *op. cit.*, t. X, pp. 306-307.

Le rabbin Elie Gabison (m. 1795) a laissé le souvenir d'un savant talmudiste et d'un « cabaliste divin » (R. Arditti, « Les Epitaphes rabbiniques... » dans R. T. *1931, pp. 117-118 ; sur ce rabbin, voir D. Cazès,* Notes bibliographiques..., *pp. 178, 195, 262, 303). Après sa mort, sa tombe, située à Tunis, rue François-Bourgade, est devenue un lieu de pélerinage (cf. P. S.,* La Hâra de Tunis, *Paris, 1959, p. 79).*

GABSI :

Ethnique correspondant à la ville tunisienne de قابس *Qâbis* = Gabès, dans le Sud tunisien. *Gabsî* : originaire de Gabès.

GALI : V. GHALI.

GALLICO :

< De l'italien *Gallico*, « Gaulois », « originaire de la Gaule ».

< De l'espagnol *Gallego*, « Galicien », « originaire de Galice » (R. Garcia-Pelayo, *op. cit.*, p. 467). Gallego, en s'altérant, a donné Galligo et Gallico.

GALLULA : V. GHALOULA.

GAMRASNI :

Ethnique correspondant au village de غمراسن *Ghumrâssen*, dans le Sud tunisien (caïdat des Ouerghamma). *Ghumrâsnî* : originaire de Ghumrâssen.

GANDOUS, GANDUS :

< De l'arabe قندوز *gandûz*, subst. masc. signifiant « gamin », « galopin » (M. Beaussier, *op. cit.*, p. 831).

Nom attesté à Tunis à la fin du XVIIIe siècle. *Ketubbah* de Josué, fils de Isaac Gandus, et de Sara, fille de Joseph El-Haïk, en date du 13 novembre 1788 (*Registres matrimoniaux* n° 11).

GANEM, GHANEM :

< De l'arabe غانم *ghânem*. 1°. subst. et adj. « capteur », « gagneur ». 2°. nom propre masc., *Ghanem* (M. Beaussier, *op. cit.*, p. 717). Nom individuel devenu patronyme.

Nom attesté à Tunis au XIXe siècle. *Ketubbah* de Abraham, fils de Benjamin Ghanem, et de Esther, fille de Salomon Lussato, en date du 31 mai 1871 (*Registres matrimoniaux* n° 996).

GANOUN, GANOUNA, COHEN-GANOUNA :

< De l'arabe dialectal قنون *ganûn*, collectif signifiant « lapins ». قنونة *ganûna* = « un lapin » (M. Beaussier, *op. cit.*, p. 829). Sobriquet devenu patronyme.

Joseph Cohen-Ganouna (1881-1929). Ancien instituteur de l'Alliance israélite. Publiciste. Fondateur et directeur du journal L'Egalité *(1912-1940) et de la revue mensuelle* Le Judaïsme tunisien *(1912-1919).*

GARCIN, GARSIN :

< De l'hébreu גֵּרְשׁוֹן *Gerson*, nom propre masc. Ex. Gerson, fils de Levi (*Gen.* 46, 11), cf. Sander et Trénel, *op. cit.*, p. 111.

Ce nom est attesté à Tunis dans la deuxième moitié du XVIIe siècle. Un acte du Consulat de France en date du 15 février 1668 fait mention du juif Moïse Garsin (P. G., *op. cit.*, t. VII, p. 135).

Sur une liste de maisons de commerce établies à Tunis en 1865, figure celle de J. Garcin, de nationalité française (Ch. Cubisol, *op. cit.*, p. 66).

Un Salomon Garcin prend part à l'assemblée générale de la Nation française à Tunis le 30 décembre 1850 (P. G., « Notables français... », dans *R. T.* 1942, p. 229).

Au XIXe siècle, *ketubbah* de Isaac, fils de Moïse Israël, et de Diamante, fille de Isaac Garsin, en date du 27 août 1806 (*Registres matrimoniaux* n° 282).

GATEGNO, GATIGNO, GATTIGNO :

< Du portugais *gatinho*, diminutif de *gato*, signifiant « petit chat » (D. Azevedo, *op. cit.*, p. 442). Appellation hypocoristique devenue patronyme.

GDALIA, GHIDALIA, GHIDAGLIA, GUEDALIA, GUIDALIA :
< De l'hébreu גְּדַלְיָה *Gdaliah* (que Dieu élève), nom propre masc. Ex. Gedaliah, fils de Ahikam, nommé par Nabuchodonosor gouverneur de Judée (II *Rois* 25, 22 et *Jer.* 40, 5), cf. Sander et Trénel, *op. cit.*, p. 95. Les formes Ghidalia et Ghidaglia correspondent à des transcriptions à l'italienne.
Nom attesté à Tunis à la fin du XVIIIe siècle. *Ketubbah* de David, fils de Abraham Guedalia, et de Simha, fille de Elie Hay Castro, en date du 14 septembre 1791 (*Registres matrimoniaux* n° 65).

GERMON : V. JARMON.

GHALI, GALI, COHEN-GALI :
< De l'arabe غالي *ghâlî*, adj. signifiant « d'un grand prix », « cher », « précieux » (M. Beaussier, *op. cit.*, p. 714). Epithète laudative, donnée comme surnom, et devenue patronyme. Ce nom est porté par des juifs comme par des musulmans (P. Marty, *art. cit.*, p. 394).

GHALOULA, GHALULA, GALOULA, GALULA :
Nom d'origine incertaine.
< Du nom d'un village du Djebel Nefousa, en Tripolitaine (M. Eisenbeth, *op. cit.*, p. 129). Mais nous n'avons pas trouvé de confirmation de l'existence de ce toponyme (cf. J. Despois, « *art. cit.* » dans *R. T.* 1933, pp. 263-284 et carte p. 264).
< De l'arabe غلول *ghalûl*, subst. masc. signifiant « trompeur » (M. Beaussier, *op. cit.*, p. 712).
Nom attesté à Tunis au XIXe siècle. *Ketubbah* de Shalom, fils de Joseph Ghalula, et de Sara, fille de David Finzi, en date du 30 septembre 1868 (*Registres matrimoniaux* n° 896).

GHANEM : V. GANEM.

GHARBI :
Ethnique correspondant à غرب *Gharb*, « l'ouest », « l'occident », par opposition à *Sharq*, « l'est », « l'orient ». L'adjectif-substantif *gharbî* signifie « occidental » et plus précisément « marocain » (M. Beaussier, *op. cit.*, pp. 701-702). Ce nom est porté par des juifs comme par des musulmans (P. Marty, *art. cit.*, p. 404).

GHARIANI :
Ethnique correspondant au جبل غريان *Jabal Ghariyân*, en Tripolitaine. *Ghariyânî*, « originaire du Djebel Gharian » (*Guide Bleu Algérie-Tunisie* 1927, p. 466 et carte).

GHENI :
< De l'arabe غنيّ *ghenî*, pl. أغنياء *âghniyâ*, adj. « riche », « opulent » (M. Beaussier, *op. cit.*, p. 718 ; D. Cohen, *op. cit.*, t. II, p. 159). Epithète donnée comme surnom, devenue patronyme. Ce nom se rencontre parmi les juifs comme parmi les musulmans (P. Marty, *art. cit.*, p. 394).

GHEZ : V. GUEZ.

GHIDAGLIA, GHIDALIA : V. GDALIA.

GHIR, EL-GHIR :
Nom d'origine incertaine.
< Du nom de l'oued Guir, rivière saharienne au sud du Maroc (J. Despois, *L'Afrique du Nord*, 3e éd. 1964, pp. 55 et 440).
< De l'hébreu גֵּיר *ger*, « étranger » (Sander et Trénel, *op. cit.*, p. 102).

GHOUILA, GHOUILA-HOURI :
< De l'arabe غويلة *ghuwîla*, diminutif de *ghûla*, fém. de *ghûl*, ogre, et signifiant « ogresse ». Le diminutif *ghuwîla* a le sens de « petite ogresse » (M. Beaussier, *op. cit.*, p. 720). Cette appellation a pu être donnée à une enfant vorace (cf. P. Marty, *art. cit.*, p. 398).

GHOZLAN, GOZLAN, GOZLAND :
< De l'arabe غزالة *ghazâla*, pl. غزلان *ghuzlân*, « gazelle » (M. Beaussier, op. cit., p. 707 ; D. Cohen, *op. cit.*, t. II, p. 178). Surnom individuel devenu patronyme.
Nom attesté à Tunis à la fin du XVIIIe siècle. *Ketubbah* de Abraham Hay, fils de Amram Ghozlan, et de Viola, fille de Jacob Bergansa, en date du 21 juillet 1788 (*Registres matrimoniaux* n° 9).

GHZAIL, GHZAEL :
< De l'arabe غزيلة *ghzayla*, diminutif de *ghazâla*, « gazelle » (M. Beaussier, *op. cit.*, p. 707), signifiant « petite gazelle ». Surnom devenu patronyme, porté par des juifs comme par des musulmans.

GIAMI : V. JAMI.

GIAOUI : V. JAOUI.

GIHAN :
< Du nom de lieu جيان *Jiyân*, Jaen, ville d'Andalousie, capitale de la

province de Jaen (R. Navas, *op. cit.*, p. 862).

GIORNO : V. JOURNO.

GOLDZEIGER :
< De l'allemand *Gold*, « or » et *Zeiger*, « aiguille » : ce qui signifie « aiguille en or ». Surnom donné à un habile couturier, devenu patronyme. Nom d'une famille originaire d'Europe orientale.

GOZLAN : V. GHOZLAN.

GRECO, GREGO :
< De l'italien *Greco*, adj. et subst. signifiant « originaire de Grèce », « Grec ».

Nom attesté à Tunis au XIXe siècle. *Ketubbah* de Haïm, fils de Samuel Grego, et de Simha, fille de Daniel Cartozo, en date du 26 mai 1869 (*Registres matrimoniaux* n° 919).

GUEDALIA : V. GDALIA.

GUEDJ : V. GUEZ.

GUENICHE :
< De l'arabe حنش *hanesh*, « serpent » (M. Beaussier, *op. cit.*, p. 248). Ce vocable donné comme surnom a pu, en raison de son caractère offensant, être altéré en *genesh* ou *genish*.

GUERCHOUN. GUERCHENI :
< De l'hébreu גֵּרְשׁוֹן *Gerson*, nom propre masc. Ex. Gerson, fils de Levi (*Gen.* 46, 11), cf. Sander et Trénel, *op. cit.*, p. 111. L'adjonction d'un *ya* donne l'adjectif relatif *Gersoni*, signifiant « de la famille de Gerson ».

GUETTA :
< Du nom d'une tribu du Djebel Gharian en Tripolitaine (M. Eisenbeth, *op. cit.*, p. 130). Mais nous n'avons trouvé aucune confirmation de l'existence d'une tribu de ce nom.
< Du nom de lieu *Huete*, ville espagnole de la Nouvelle Castille, province de Cuenca (R. Navas, *op. cit.*, p. 808).

Nom attesté au XIXe siècle. *Ketubbah* de Shalom, Hay, fils de Moïse Guetta, et de Anne, fille de Joseph Baïs (= Vaïs) (*Registres matrimoniaux* n° 826).

GUEZ, EL-GUEZ, GHEZ, GUEDJ :

Nom d'origine incertaine.

< De l'hébreu גזז *gazaz,* « tondre », « couper » ; 1°. subst. *gazaz,* גזז « celui qui tond » ; 2°. nom propre masculin. Ex. Gazaz (I *Chron.* 2, 46), cf. Sander et Trénel, *op. cit.*, pp. 99-100.

< De l'arabe قزّاز *qezzâz,* signifiant « passementier », « marchand de soie » (M. Beaussier, *op. cit.*, p. 800).

Dans un cas comme dans l'autre, il y aurait une apocope de la deuxième syllabe.

Nom attesté à Tunis au XIXe siècle. *Ketubbah* de Jacob, fils de Joseph El-Haïk, et de Simha, fille de Elie Guez, en date du 13 juillet 1870 (*Registres matrimoniaux* n° 967).

David Guez, rabbin tunisois du XVIIIe siècle, disciple des savants talmudistes A. Taïeb, S. Sarfati, I. Lumbroso, et M. El-Fassi. Juge du Tribunal rabbinique de la communauté tunisienne de 1810 à 1818. Auteur de nombreux ouvrages, parmi lesquels Nar David, *publié après sa mort en 1868, à Livourne (D. Cazès,* Notes bibliographiques..., *pp. 194-196).*

Youssef Guez (m. 1934) a succédé à Nessim Riahi dans les fonctions de grand-rabbin de Tunisie, et les a exercées de 1928 à 1934 (P. S., Histoire..., *p. 220, n. 94).*

R. Eliahu Haï Guedj fut l'un des pionniers de la littérature judéo-arabe en Tunisie. Il est l'auteur d'un ouvrage intitulé Ma'asse Sha'shuîm *(= « Histoires délectables ») publié à Livourne en 1867-8 (cf. E. Vassel,* Littérature populaire..., R. T. *1904, pp. 373-376).*

Paul Ghez (1898-1971), avocat à la cour d'appel de Tunis, a exercé d'importantes responsabilités à la direction de la Communauté israëlite de Tunis pendant les six mois d'occupation allemande sur lesquels il a laissé un très intéressant témoignage : Six mois sous la botte, *Tunis 1943.*

GUTTIERES, GUTTIEREZ :

< De l'espagnol *Guttiere*, nom propre dérivé du germanique *Wald-Harî*, signifiant « chef d'armée ». Avec le suffice *ez* (en espagnol) ou *es* (en portugais), exprimant la filiation, donne Guttierez et Guttieres : « le fils de Guttiere ».

Nom attesté à Tunis à la fin du XVIIIe siècle. *Ketubbah* de Emmanuel, fils de Salomon Franco et de Diamante, fille de Abraham Guttieres, en date du 27 septembre 1795 (*Registres matrimoniaux* n° 130).

Un Guttieres figure sur une liste de sujets toscans établis à Tunis en 1848 (*R. T.* 1935, pp. 116-117).

H

HABABOU, HABABOU-SALA :
< De l'hébreu חֹבָב *Hobab*. 1°. part. passé du verbe חָבַב *habab* : « aimer » ; 2°. nom propre masc. Ex. Hobab, l'un des noms du beau-père de Moïse (*Nombres* 10, 29), cf. Sander et Trénel, *op. cit.*, p. 163.

Nom attesté à Tunis au XIXe siècle. *Ketubbah* de David, fils de Joseph Sala, dénommé Hababou, et de Rachel, fille de Isaac Maarek, en date du 1er septembre 1868 (*Registres matrimoniaux* n° 892).

HABIB, ABIB :
< De l'arabe حبيب *habîb*. 1°. subst. « ami » ; 2°. nom propre masc. *Habîb* (M. Beaussier, *op. cit.*, p. 174). Nom porté par des juifs comme par des musulmans.

Nom attesté à Tunis au XIXe siècle. *Ketubbah* de Haïm, fils de Jacob Tapia, et de Dora, fille de Amram Habib, en date du 3 mars 1863 (*Registres matrimoniaux* n° 770).

HACCOUN, HACOUN, HAKKOUN, HAKOUN, AKKOUN, AKOUN :
< De l'arabe حقّ *haqq*, racine exprimant l'idée de vérité et de justice (M. Beaussier, *op. cit.*, pp. 218-220). Avec la terminaison *ûn* de la forme augmentative, pourrait signifier « très véridique » ou « très juste ». Epithète laudative donnée comme surnom, devenue patronyme.

Ce nom est attesté à Tunis au XIXe siècle. *Ketubbah* de David, fils de Moïse Hakoun, et de Diamante, fille de Moïse Hay Moreno, en date du 1er février 1860 (*Registres matrimoniaux*, n° 709).

HADAD, HADDAD, HADED, ADDAD, ADDED :
< De l'arabe حدّاد *haddâd*, subst. masc. « forgeron » (M. Beaussier, *op. cit.*, p. 183). Nom de métier devenu patronyme.

Nom attesté à Tunis au début du XIXe siècle. *Ketubbah* de Abraham, fils de Isaac Bonan, et de Esther, fille de Abraham Haddad, en date du 24 septembre 1806 (*Registres matrimoniaux* n° 286).

Isaac Haddad (m. 1765), savant rabbin de Djerba, a laissé de nombreux ouvrages : Toledot Itshaq, Kerni Rem *et* Zera' Itshaq, *publiés à Livourne après sa mort (cf. D. Cazès,* Notes bibliographiques..., *pp. 206-217).*

Nessim Haddad (1868-19XX). Négociant, puis publiciste, fondateur du journal Le Défenseur *(1908-1911) qui a mené une action continue en faveur des revendications des israëlites tunisiens (extension de la compétence des juridictions françaises ; plus large accès à la nationalité française) avec des positions plus modérées que celles de Mardochee Smaja et de son journal* La Justice *(cf. P. Lambert,* op. cit., *p. 219).*

Charles Haddad, né à Tunis en 1910. Avocat à la cour d'appel de Tunis. Président de la Communauté israëlite de Tunis de 1951 à 1956 et de 1956 à 1958. Après la dissolution du conseil de la Communauté par les autorités de la Tunisie indépendante, s'est installé à Marseille, et y a poursuivi sa carrière d'avocat. Il y a créé une association des juifs originaires de Tunisie. Il est l'auteur de quatre ouvrages de souvenirs : Juifs et Arabes au pays de Bourguiba *(1977),* Les quatre saisons du ghetto *(1984),* Les juifs de Tunisie à Bible vécue *(1988) et* France, Israël, Tunisie *(1997).*

HADIDA :

< De l'arabe حديدة *hadîda*, subst. masc. « morceau de fer » (M. Beaussier, *op. cit.*, p. 183). Surnom donné à un homme en raison de son endurance ou de sa force d'âme, devenu patronyme. Cf. l'hébreu *Barzilai* (de fer), nom propre masc. Ex. Barzilai, le Gabaadite (II *Sam.* 17, 27), cf. Sander et Trénel, *op. cit.*, p. 81.

HADDOUK, HADOUK, HADOK :

< De l'arabe حاذق *hâdeq*, adj. « habile », « ingénieux », « sagace » (M. Beaussier, *op. cit.*, p. 186). Epithète laudative donnée comme surnom, devenue patronyme.

HADJADJ : V. HAGEGE.

HADRIA, COHEN-HADRIA :

< Du nom d'une fraction de tribu du département de Constantine (M. Eisenbeth, *op. cit.*, p. 115).

< De l'arabe حضري *hadrî*, pl. حضرية *hadriya*, « habitant des villes », « citadin », « bourgeois » (M. Beaussier, *op. cit.*, p. 212).

Victor Cohen-Hadria (1891-1944), avocat au barreau de Tunis, bâtonnier de l'Ordre des avocats (1935-1937), déporté en Allemagne et mort à Auschwitz (J. Sabille, op. cit., *p. 126).*

Elie Cohen-Hadria (1898-1987), docteur en médecine, secrétaire de la Fédération socialiste (S.F.I.O.) de Tunisie. A laissé un livre de souvenirs : Du Protectorat français à l'Indépendance tunisienne, *Nice 1976.*

HAGEGE, HAJAJ, HAGGIAG, HAGGIAGE, HADJADJ, ADJADJ :

< De l'arabe حج *hâjj*, pl. حجّاج *hajjâj*, « pèlerin » (M. Beaussier, *op. cit.*, p. 179). Le pluriel s'explique par le fait que le nom s'applique à tous les membres d'une même famille.

Nom attesté à Tunis au XIXe siècle. *Ketubbah* d'Isaac, fils de Moïse Israël, et de Simha, fille de Elie Hagège, en date du 19 avril 1867 (*Registres matrimoniaux* n° 864).

Abraham Hagège (m. 1880) a été le grand-rabbin de la Communauté tunisienne de Tunis de 1873 à 1880. On a publié après sa mort son Zera' shel Abraham *(« La Posterité d'Abraham ») imprimé à Jérusalem en 1884 (cf. D. Cazès,* Notes bibliographiques..., *pp. 218-220).*

Daniel Hagège (1892-1976) a été l'un des principaux auteurs qui ont illustré la littérature judéo-arabe tunisienne. Tout en exerçant la profession de préparateur en pharmacie, d'herboriste ou de droguiste, il a apporté sa collaboration à divers périodiques, parmi lesquels al-Sabah *(1904-1936) et* al-Nejma *(1920-1961). Il a traduit en judéo-arabe de nombreux romans populaires français qui parurent en feuilleton avant d'être publiés en volumes. Parmi ses ouvrages citons :* Mille et un proverbes tunisiens, *Tunis 1930, et* Littérature judéo-arabe tunisienne, *Sousse 1939.*

HAÏAT : V. KHAYAT.

HAÏK, EL-HAÏK, ELHAÏK :

< De l'arabe حايك *hâyk*, subst. masc. « grande pièce d'étoffe de laine, de coton ou de soie dont se drapaient les femmes musulmanes et juives » (M. Beaussier, *op. cit.*, p. 251).

Ce nom est attesté à Tunis dans la deuxième moitié du XVIIe siècle. Un acte du Consulat de France en date du 1er mai 1686 fait mention de David El-Haïque, membre de la « nation juive livournaise » (P. G., *op. cit.*, t. VIII, pp. 59-60).

A la fin du XVIIIe siècle, *ketubbah* de Josué, fils de Isaac Gandus, et de Sara, fille de Joseph El-Haïk, en date du 13 novembre 1788 (*Registres matrimoniaux* n° 11).

Isaac de David El-Haïk a succédé à David Carvalho dans les fonctions de grand rabbin de la communauté israëlite livournaise, et les a exercées de 1785 à 1802 (R. Arditti, « Les Epitaphes rabbiniques... », dans Revue Tunisienne, *1931, p. 115).*

Ouziel El-Haïk (m. 1810). Fils du grand-rabbin de la communauté livournaise de Tunis, Isaac de David El-Haïk, rabbin-consultant. Il est l'auteur d'un recueil de consultations intitulé Mashkinut ha-Roïm *(c. à d. « Les Demeures des bergers »), publié à Livourne en 1860, et d'un recueil d'oraisons funèbres et d'homélies intitulé* Haym ve Hased, *publié à Livourne en 1873. Sur son œuvre, cf. D. Cazès,* Notes bibliographiques..., *pp. 169-173.*

HAÏM, BEN-HAÏM :

< De l'hébreu חַיִּים, *Hayyim*. 1°. subst. « la vie ». 2°. nom propre masculin *Haym* (Sander et Trénel, *op. cit.*, p. 177). Nom individuel devenu patronyme. Avec l'indice de filiation arabe *ben*, a donné le nom *Ben Haym* : « le fils de Haym ».

HAKIM :

< De l'arabe حكيم *hakîm*, subst. masc. signifiant « savant », « docteur », « médecin » (M. Beaussier, *op. cit.*, p. 224). Nom de profession devenu patronyme.

HAKMOUN :
< De l'hébreu חַכְמֹנִי *hakmoni.* 1°. subst. masc. « le sage ». 2°. nom propre masc. Ex. Hakmon (I *Chron.* 11, 11), cf. Sander et Trénel, *op. cit.*, p. 180.

HAKKOUN, HAKOUN : V. HACCOUN.

HALFON : V. KHALFON.

HALIFI : V. KHALIFA.

HALIMI :
< De l'arabe حليم *halîm*, adj. signifiant « doux », « bienveillant », « débonnaire » (M. Beaussier, *op. cit.*, p. 233). Surnom individuel devenu patronyme.

HALOUANI :
< De l'arabe حلواني *halwânî*, subst. masc. signifiant « pâtissier », « confiseur ». Vocable du parler des juifs de Tunis, correspondant à *halwâjî* du parler musulman (D. Cohen, *op. cit.*, t. II, p. 180). Nom de profession devenu patronyme.

HAMMANOU : V. AMANOU.

HAMMOU, BEN HAMMOU, BENAMOU :
< De l'arabe حمّو *Hammû*, nom propre masc. (M. Beaussier, *op. cit.*, p. 234). Avec l'indice de filiation *ben*, donne *Ben Hammû*, « le fils de Hammû ».

HANIA :
< De l'hébreu חֲנַנְיָה *Hananiah* (aimé de Dieu), nom propre masc. Ex. Hananiah, fils d'Azur (*Jer.* 28, 1), cf. Sander et Trénel, *op. cit.*, p. 193. Hania est sans doute une contraction de Hananiah.

HANINI :
< De l'arabe حنين *hanîn*, adj. signifiant « compatissant », « doux », « charitable » (M. Beaussier, *op. cit.*, p. 244).

HANON, HANOUN, HANOUNA :
< De l'hébreu חָנוּן *hanûn*. 1°. adj. « clément » ; 2°. nom propre masc. Ex. Hanûn (II *Sam.* 10, 1 ; *Neh* 3, 13 et 30), cf. Sander et Trénel, *op. cit.*, p. 191.
< De l'arabe حنّون *hannûn*, forme augmentative de l'adj. *hannân* « compatissant », « humain » (M. Beaussier, *op. cit.*, p. 244). Le nom Hanoun est porté par des juifs comme par des musulmans.

Ce nom est attesté à Tunis à la fin du XVIIIe siècle. *Ketubbah* de Gabriel, fils de Shalom Boccara, et de Esther, fille de Elie Hanouna, en date du 16 janvier 1794 (*Registres matrimoniaux* n° 106).

HAOUDJI :
Il s'agit sans doute d'une déformation de *Haouzi*, ethnique correspondant à la région du Haouz, autour de Marrakech dans le sud du Maroc.

HAOUZI, HAUZI, HOUZI, HOZE :
Ethnique correspondant à la région du حوز *Haouz*, nom donné aux plaines situées autour de Marrakech, dans le Sud marocain (J. Despois, *L'Afrique du Nord*, 3ème éd. 1964, pp. 105-106).

HARARI, HIRARI, ARARI :
< De l'arabe حرّار *harrâr*, subst. masc. « soyeux », « passementier » (M. Beaussier, *op. cit.*, p. 187). Nom de métier devenu patronyme (cf. P. Marty, *art. cit.*, p. 396).

HASDA :
< De l'hébreu חֶסֶד *hased*, 1°. subst. masc. signifiant « bonté », « misericorde », « piété » ; 2°. nom propre masculin. Ex. Hased (I *Rois* 4, 10), cf. Sander et Trénel, *op. cit.*, p. 194.

Ce nom est attesté à Tunis à la fin du XVIIIe siècle. *Ketubbah* de Joseph, Hai, fils de Moïse Medina et de Ventura, fille de Salomon Hasda, en date du 3 septembre 1789 (*Registres matrimoniaux* n° 26).

HASKI :
< De l'hébreu חֵשֶׁק *hasheq*, subst. masc. signifiant « désir » (Sander et Trénel, *op. cit.*, p. 211). Avec le pronom affixe de la première personne donne *hashqî* : « mon désir ». Cette appellation a pu être donnée à un enfant impatiemment attendu.

HASSAN :
< De l'arabe حسّان *Hassân*, nom propre masc. (M. Beaussier, *op. cit.*, p. 204). Ce nom est porté par des juifs comme par des musulmans (cf. P. Marty, *art. cit.*, p. 389).

HASSEN, BEL-HASSEN, BEN-HASSEN, BENASSEN :
< De l'arabe حسن *hassen*, 1°. adj. « bon », « excellent » ; 2°. nom propre masc. *Hassen* (M. Beaussier, *op. cit.*, p. 204). Précédé de l'indice de filiation *ben* donne *Ben Hassen* : « le fils de Hassen ». Précédé de l'indice de filiation et de

l'article, *ben al-*, contracté en *bel*, donne *Bel-Hassen* : « le fils de l'Excellent ».

Ce nom est attesté à Tunis au XIXe siècle. *Ketubbah* de Simon, fils de Makhlouf Belhassen, et de Messa'ouda, fille de Abraham Marouani, en date du 22 septembre 1858 (*Registres matrimoniaux* n° 670).

HASSID :

< De l'hébreu חָסִיד *hasid*, adj. « bon », « miséricordieux », « pieux » (Sander et Trénel, *op. cit.*, p. 194). Surnom individuel devenu patronyme.

Nom attesté à Tunis au XIXe siècle. *Ketubbah* d'Abraham, Haï, fils de Joseph Ha-Lévy, et de Simha, fille de Shalom Hassid, en date du 14 février 1867 (*Registres matrimoniaux* n° 850).

HASSOUN :

< De l'arabe حسّون *Hassûn*, nom propre masc. dérivé de *hassen*, avec la terminaison *ûn*, de la forme augmentative, signifiant « très bon » (M. Beaussier, *op. cit.*, p. 204). Nom individuel devenu patronyme.

HATTAB :

< De l'arabe حطّاب *hattâb*, subst. masc. signifiant « bûcheron » (M. Beaussier, *op. cit.*, p. 214). Nom de métier devenu patronyme. Il est porté par des juifs comme par des musulmans (P. Marty, *art. cit.*, p. 396).

Nom attesté à Tunis au XIXe siècle. *Ketubbah* de Jacob, fils de Amram Habib, et de Messa'ouda, fille de Ghalî Hattab, en date du 28 août 1878 (*Registres matrimoniaux* n° 1029).

HAYAT : V. KHAÏAT.

HAYOUN, HAYOUNE, AYOUN :

< De l'arabe حيّ *hayy*, adj. « vivant » (M. Beaussier, *op. cit.*, p. 258). Avec le suffice *ûn* de la forme augmentative donne *Hayyûn* : « bien vivant ». Le mot hébreu חַי *hay* signifie aussi vivant (Sander et Trénel, *op. cit.*, p. 176). Mais le nom *Hayoun* vient de l'arabe.

Nom attesté à Tunis au début du XIXe siècle. *Ketubbah* de Jacob, fils de Nessim Hayoun, et de Rachel, fille de Moïse Ha-Lévy Ashkenazi, en date du 10 avril 1811 (*Registres matrimoniaux* n° 359).

HAZAN, HAZZAN, AZAN :

< De l'hebreu חַזָּן *hazan*, subst. masc. signifiant « chantre », « officiant » (M. Cohn, *op. cit.*, p. 224). Nom de fonction devenu patronyme.

HENRIQUES : V. ENRIQUEZ.

HOUATI :
< De l'arabe حوّات *hawwât*, subst. masc. signifiant « pêcheur », « poissonnier » (M. Beaussier, *op. cit.*, p. 246). Nom de métier devenu patronyme, porté par des juifs comme par des musulmans (cf. P. Marty, *art. cit.*, p. 396).

HOUBANI :
< De l'arabe حب *hubb*, v. « aimer » (M. Beaussier, *op. cit.*, pp. 173-175). Le suffixe *ân* donne à حبّان *hubbân* le sens de « qui aime », « aimant », « amoureux ». Le *ya* final en fait un adjectif relatif dont le sens serait « de la famille de celui qui aime ».

N. B. : sur le suffixe *ân*, cf. D. Cohen, *op. cit.*, t. II, p. 177.

HOURI, HOURY :
< De l'hébreu חוּרִי *Hûrî*, nom propre masc. Ex. Houri (I *Chron.* 5, 14), cf. Sander et Trénel, *op. cit.*, p. 172. Nom individuel devenu patronyme.

R. Haïm Houri (1885-1957). Rabbin né à Djerba où il a fait ses études et n'a pas tardé à s'illustrer par sa science et ses talents d'orateur. En 1926, il a été appelé à présider le tribunal rabbinique de Gabès et à devenir le grand-rabbin de la communauté de cette ville. Il y a fondé une yeshivah, *au nom de* Torah ve Hayyim *(c. à d. Loi et Vie). Auteur de nombreux ouvrages de* halakha. *En 1955, il a quitté la Tunisie, pour se rendre en Israël où il s'est établi à Beersheva, la capitale du Neguev, où il a retrouvé nombre de juifs originaires de Tunisie. Après sa mort, sa tombe est devenue un lieu de pèlerinage qui a lieu le 25 Iyyar, jour anniversaire de sa mort, auquel prennent part surtout les juifs du Sud tunisien (cf. Dov-Noy,* Contes populaires..., *Jérusalem 1968, pp. 359-363).*

HOUZI, HOZE : V. HAOUZI.

I

IACCHIA : V. YAHIA.

IAÏCH : V. YAÏCH.

ICHAI, ICHAY, ISSAI :
< De l'hébreu יִשַׁי *Ishay* (« le vivant », « le fort »), nom propre masc. Ex. Isai ou Jessé, père de David (I *Sam.* 20, 27 ; *Isaïe* 11, 1), cf. Sander et Trénel, *op. cit.*, p. 266.

IFLAH :
< De l'arabe فلح *falaha,* « réussir », « prospérer » (M. Beaussier, *op. cit.*, p. 760). A la troisième personne de l'aoriste, *Iflah* pourrait signifier « il réussira », « il prospèrera ». Nom votif devenu patronyme.

Nom attesté au XIXe siècle. *Ketubbah* de Jacob, fils de Salomon Cassuto, et de Simha, fille de Salomon Iflah, en date du 21 septembre 1814 (*Registres matrimoniaux* n° 396).

IFRAH :
< De l'arabe فرح *faraha*, « se réjouir », à la troisième personne de l'aoriste : *Ifrah* : « il se réjouira » (M. Beaussier, *op. cit.*, p. 734). Nom donné à un enfant pour l'assurer d'être heureux, devenu patronyme.

IMAN :
< De l'arabe أيمن *ayman*, adj. « droit » (M. Beaussier, *op. cit.*, p. 1092). Surnom laudatif devenu patronyme.

ISRAËL :
< De l'hébreu יִשְׂרָאֵל *Ysraël* (de שָׂרָה *sarah*, « il a combattu », et אֵל, *El*, « Dieu »). Nom donné à Jacob (*Gen.* 32, 29) et passé à ses descendants (*Gen.* 49, 7), cf. Sander et Trénel, *op. cit.*, p. 264.

Ce nom est attesté à Tunis au début du XVIIe siècle. Des actes du Consulat de France font état des opérations effectuées par Moïse Israël, juif de Tunis : prêts à la grosse aventure, exportations de marchandises, rachats d'esclaves chrétiens (P. G., *op. cit.*, t. III, pp. 213 sqq.).

A la fin du XVIIIe siècle, *ketubbah* de Moïse, fils de Abraham Malka, et de Luna, fille de Salomon Israël, en date du 12 octobre 1791 (*Registres matrimoniaux* n° 56).

ISSACHAR :
< De l'hébreu יִשָּׂשכָר *Issachar* (« Dieu a recompensé »), nom propre

masc. Ex. : Issachar, cinquième fils de Jacob et de Léa (*Gen.* 30, 18), cf. Sander et Trénel, *op. cit.*, p. 264). Nom individuel devenu patronyme.

ISSAI : V. ICHAI.

J

JACUBOVICZ :
< De l'hébreu יַעֲקֹב *Jacob*, avec l'indice de filiation polonais *owicz*, m. à m. « le fils de Jacob ». Nom d'une famille d'origine polonaise établie en Tunisie dans l'entre-deux-guerres.

Il existait à Tunis une synagogue privée au nom de Mouchi Jacubowicz, située 5, rue d'Isly, dans une zone de la ville moderne, où les juifs ont été nombreux à venir s'établir (cf. Ch. Haddad, *Les quatre saisons du ghetto*, Paris 1984, p. 87).

JAÏS : V. YAÏCH.

JAMI, JAMY, DJAMI, GIAMI :
< De l'arabe جامع *jâmi'*, adj. : « qui réunit », « qui assemble » (cf. M. Beaussier, *op. cit.*, p. 156). Surnom devenu patronyme. N. B. : *Djami* est une transcription à l'algérienne, *Giami*, une transcription à l'italienne.

Nom attesté à Tunis à la fin du XVIIIe siècle. *Ketubbah* de Asher, fils de David Jami, et de Rachel, fille de Salomon Timsit, en date du 19 avril 1799 (*Registres matrimoniaux* n° 196).

JAOUI, DJAOUI, GIAOUI :
< De l'arabe جاوي *jâwî*, pour لبان جاوي *lubân jâwî*, « encens de Java » = benjouin (cf. J. B. Belot, *Petit dictionnaire français-arabe*, p. 69). N. B. : Djaoui est une transcription à l'algérienne, Giaoui, une transcription à l'italienne.

JARMON, GERMON :
Nom d'origine obscure.
< Du nom de lieu *Jarmûn*, village du Djebel Nefousa, en Tripolitaine (selon M. Eisenbeth, *op. cit.*, p. 129). Mais nous n'avons pas trouvé confirmation de l'existence de ce toponyme (cf. J. Despois, *art. cit.*, dans *R. T.* 1933, pp. 263-284).
< De l'arabe جرمان *jarmân*, « canard sauvage » (M. Beaussier, *op. cit.*, p. 139) ?

Nom attesté à Tunis à la fin du XVIIIe siècle. *Ketubbah* d'Israël, fils de Nehorai Jarmon, et de Rachel, fille de Benjamin Ben Dana, en date du 5 octobre 1791 (*Registres matrimoniaux* n° 66).

Nehorai Jarmon (m. 1760), né à Tripoli, est venu s'établir à Tunis. A composé des commentaires sur de nombreux traités talmudiques. Son œuvre devait périr pour la plus grande part lors de la mise à sac de la ville de Tunis par la soldatesque algérienne en 1756. Le peu qui en subsista fut publié, après sa mort, sous le titre Yther ha-baz *(= « Ce qui a échappé au désastre ») à Livourne en 1787 (D. Cazès,* Notes bibliographiques..., *pp. 225-229 ; R. Arditti, « Les Epitaphes rabbiniques... » dans* Revue Tunisienne *1931, p. 111).*

Haïm Jarmon (m. 1781), fils de Néhorai Jarmon, est l'auteur de Tsedaqa le-Haïm *(= « Justice pour Haïm »), imprimé à Livourne en 1787, à la suite de l'ouvrage de son père (D. Cazès,* Notes bibliographiques..., *pp. 223-224 ; R. Arditti,* art. cit., *dans* R. T. *1931, p. 112).*

JERUSALMI : V. YEROUSHALMI.

JONATHAN, COHEN-JONATHAN :
< De l'hébreu יוֹנָתָן *Yonathan* (« Dieu a donné »), nom propre masc. Ex : Jonathan, fils de Saül, ami de David (I *Sam.* 13, 6), cf. Sander et Trénel, *op. cit.*, p. 232.

JOUARI, DJOUARI :
< De l'arabe جواهري *juwâhrî*, « bijoutier », « joaillier » (M. Beaussier, *op. cit.*, p. 170). Nom de métier devenu patronyme.

JOUILI : V. ZUILI.

JOURNO, JORNO, GIORNO :
< De l'italien *giorno*, en lieu et place de *buon giorno* = « bon jour », traduction de l'hébreu *yom tov* (= « bon jour »). Expression d'une satisfaction (heureux a été le jour de sa naissance) ou expression d'un vœu (qu'il soit né un bon jour, c. à d. sous une bonne étoile), cf. De Felice, *op. cit.*, p. 83.

Nom attesté à Tunis au XIXe siècle. *Ketubbah* de Yeshou'a, fils de Elie Haï Journo, et de Rebecca, fille de Samuel Bueno, en date du 23 septembre 1857 (*Registres matrimoniaux* n° 640).

JUNES :
< De l'arabe يونس *Yûnis*, nom propre masc. (M. Beaussier, *op. cit.*, p. 1092), forme arabisée du nom hébreu Jonas (P. Marty, *art. cit.*, p. 389) trancrit à la française.

Dans une liste des maisons de commerce établies à Tunis en 1865, figure celle de Ange Junès, de nationalité française (Ch. Cubisol, *op. cit.*, p. 66).

David Junès (1877-1938), artiste peintre, né à Tunis, doit à ses toiles d'avoir connu une certaine notoriété en Tunisie, en France et à l'étranger (A. Arrouas, Livre d'or *1932, p. 110, et 1942, p. 62).*

K

KABLA :
< De l'arabe قابلة *qâbla*, « sage-femme » (M. Beaussier, *op. cit.*, p. 776). Nom de métier devenu matronyme.

KAFI :
< De l'arabe كافي *kâfî*, adj. « suffisant », « satisfaisant » (M. Beaussier, *op. cit.*, p. 872-3).
< De l'arabe كافي *Kâfî*, ethnique correspondant à الكاف *al-Kâf*, Le Kef, ville située à la frontière algéro-tunisienne.
Nom porté par des juifs comme par des musulmans (cf. P. Marty, *art. cit.*, p. 404).

KAHLAOUI :
< De l'arabe كحولي *kahûlî*, « noirâtre » (M. Beaussier, *op. cit.*, p. 854).

KAHLOUN, KAHLON, CAHLOUN :
< De l'arabe كحلون *kahlûn*, « noiraud », dérivé de اكحل *akhal*, « noir », à la forme augmentative. N. B. : on trouve aussi *kahlûsh* avec le sens de « noiraud » (M. Beaussier, *op. cit.*, p. 854). Sobriquet devenu patronyme.

KAIEM :
< De l'arabe قايم *qâym*, adj. « rebelle », « intrépide », « vaillant » (M. Beaussier, *op. cit.*, p. 840).
< De l'hébreu קַיָּם *qayam*, adj. « durable », « permanent » (Sander et Trénel, *op. cit.*, p. 640).

KALAÏ :
< De l'arabe قلعة *qala'a*, « forteresse », « ville située sur une hauteur » (M. Beaussier, *op. cit.*, p. 825), dont dérive l'adjectif relatif *qala'î*, désignant l'originaire d'une *qala'a*.
Nom attesté à la fin du XVIIIe siècle. *Ketubbah* de Nessim, fils de Moïse Solas, et de Yaquta, fille de Rahmin Kalaï, en date du 27 août 1794 (*Registres matrimoniaux*, n° 110).

KALFON : V. KHALFON.

KALIFA : V. KHALIFA.

KARHI :
< De l'arabe قريحة *qarîha*, subst. signifiant « goût », « inclination », « plaisir au travail », « bonne volonté » (M. Beaussier, *op. cit.*, p. 790). *Qarîhî* pourrait signifier « homme de bonne volonté ».

KARILA :
Nom d'origine incertaine
< De l'arabe dialectal قرلّو *qarallou*, « blatte », « cancrelat », « grillon » (M. Beaussier, *op. cit.*, p. 796).
D'après un ami originaire de Nabeul, Karila serait la déformation d'un nom d'origine espagnole : *Carrera.*

Mardochée Karila (1872-1950). Né en Algérie, de nationalité française, propriétaire et négociant, a pris une part active aux institutions de la communauté israélite de Nabeul. Il a été, pendant de nombreuses années, le délégué du gouvernement auprès de la Caisse de secours et de bienfaisance. *En 1934, il a pris l'initiative d'élever un monument au dessus de la sépulture du rabbin Yacov Slama, savant talmudiste et kabbaliste, mort à la fin du XVIIIe siècle et inhumé à Nabeul, et d'en faire don à la communauté israélite de Nabeul, en l'invitant à organiser chaque année, le dimanche qui suivrait la fête de* Shabbu'oth, *un pèlerinage sur la tombe de ce rabbin, mort en odeur de sainteté. Depuis son institution, ce pèlerinage n'a cessé d'être très couru (*Annuaire israélite tunisien *1948, pp. 88-90).*

Albert Karila (né à Nabeul en 1903, mort à Paris en 1968). Fils du précédent. Avocat à la Cour d'appel de Tunis, délégué au Grand Conseil de la Tunisie (1945-1951), secrétaire de la section tunisienne du Parti Radical Socialiste.

KARKOUS : V. CORCOS.

KAROUBI : V. KHARROUBI.

KASSABI, KASBI, CASBI :
< De l'arabe قصّاب *qassâb*, « joueur de flûte » (M. Beaussier, *op. cit.*, p. 806). Le *ya* final porte à y voir un adjectif relatif dont le sens serait « de la famille du joueur de flûte ».

KASSIS, KESSIS, ABUCASSIS, ABECASSIS :
Nom d'origine incertaine.
< De l'hébreu קְשִׁישׁ, *qashish*, « vieux », « âgé » (M. Cohn, *op. cit.*, p. 652).
< De l'arabe قسيس *qasîs*, subst. masc. « prêtre chrétien » (M. Beaussier, *op. cit.*, p. 801). Mais si tel est le sens de qasîs, on ne voit pas comment ce pourrait être l'origine d'un nom juif.
Ce nom précédé de l'indice de paternité a donné *Abucassis* et *Abecassis.*

KESRAOUI, KISRAOUI :
Ethnique correspondant au nom de lieu الكسرة *âl-Kesra*, village du Haut-Tell, qui doit son nom au plateau sur lequel il est situé et qui a la forme d'une *kesra* (galette en arabe). كسراوي *Kesrâwî* : originaire de La Kesra.

KHAÏAT, KHAYAT. KAÏAT, KAYAT, HAÏAT, HAYAT :
< De l'arabe خيّاط *khayyât*, subst. masc. « tailleur », « couturier » (M. Beaussier, *op. cit.*, p. 319). Nom de métier devenu patronyme.

Nom attesté à Tunis au XIXe siècle. *Ketubbah* de Nessim, fils de Hay Khayat, et de Anne, fille de Isaac El Haïk, en date du 23 août 1852 (*Registres matrimoniaux II*, n° 210).

Au XVIIIe siècle vivait à Tunis Abraham Hayat (m. 1758), dayyân, *rabbin-juge estimé (D. Cazès,* Notes bibliographiques..., *pp. 81 sqq.).*

Israël Hayat (1879-1965). Docteur en médecine. Excellent praticien, a pris une part active aux recherches sur la fièvre méditeranéenne. Il a créé en 1938 le Preventorium de l'Ariana, pour soigner les enfants atteints d'une primo-infection tuberculeuse (A. Arrouas, Livre d'or, *1932, p. 106).*

KHALFON, KALFON, KALFOUN, HALFON :
< De l'arabe خلفون *Khalfûn*, nom propre masc., dérivé de خلف *khalaf*, « remplaçant », « substitut », à la forme augmentative (M. Beaussier, *op. cit.*, p. 302-3). Nom donné à un enfant venu au monde après un autre, décédé, devenu patronyme. Ce nom est porté par des juifs comme par des musulmans (cf. P. Marty, *art. cit.*, p. 395).

Nom attesté à Tunis à la fin du XVIIIe siècle. *Ketubbah* de Moïse, Hay, fils de Salomon Khalfon, et de Rachel, fille de Isaac Forti, en date du 17 novembre 1790 (*Registres matrimoniaux* n° 48).

KHALIFA, KALIFA, HALIFI :
< De l'arabe خليفة *khalîfa*, subst. masc. « remplaçant », « substitut » (M. Beaussier, *op. cit.*, p. 303). Nom donné à un fils posthume, ou né après le décès d'un autre, devenu patronyme, porté par des juifs comme par des musulmans.

KHARROUBI, KAROUBI, CARROUBI, CAROUBI :
< De l'arabe خروبي *kharrûbî*, « brun foncé », « châtain », adjectif relatif dérivé de خرّوب *kharrûb*, « caroube », « caroubier » (M. Beaussier, *op. cit.*, p. 272).

Ce nom est attesté à Tunis au XIXe siècle. C'est celui d'un guide qui fait visiter la ville aux voyageurs (L. Michel, *Tunis, l'Orient africain*, Paris 1867, pp. 84 sqq.).

KHOSHKHASH, KOSKAS, COSCAS :
< De l'arabe خشخاش *khoshkhâsh,* subst. masc. « pavot » (M. Beaussier, *op. cit.*, p. 282 ; D. Cohen, *Le Parler arabe...*, t. II, p. 169). Surnom, donné à un fumeur d'opium, ou à un vendeur de drogue, devenu patronyme.

Ce nom est attesté à Tunis au XIXe siècle. *Ketubbah* de David, fils de Samuel Khoshkhash, et de Esther, fille de David Modigliani, en date du 9 octobre 1871 (*Registres matrimoniaux* n° 1004).

Meyer Coscas, publiciste, prit une part active à la presse judéo-arabe tunisienne en collaborant à de nombreux journaux, cf. R. Attal, La Presse périodique juive d'Afrique du Nord, *Tel-Aviv 1996,* passim.

KHRIEF, KRIEF, KRIEFF, CRIEF :
< De l'arabe خريّف *khariyyef,* « agnelet » (M. Beaussier, *op. cit.*, p. 278). Surnom devenu patronyme.

Nom attesté à Tunis au XIXe siècle. *Ketubbah* de Raphaël, fils de Juda Khrief, et de Rosa, fille de Elisée Haïm Strologo, en date du 6 octobre 1854 (*Registres matrimoniaux* n° 554).

A la fin du XVIIIe siècle, vivait à Tunis le rabbin Moïse Crief, auteur d'un commentaire sur le traité talmudique Nazir, *intitulé* Bar-Moshe *(c. à d. « le Fils de Moïse »), imprimé à Livourne, après sa mort, en 1852 (D. Cazès,* Notes bibliographiques..., *pp. 150-1).*

KODAR : V. CODAR.

KORKOS : V. CORCOS.

KRIEF : V. KHRIEF.

KRISSI :
< De l'arabe كريّسي *krîssi,* diminutif de كرسي *karsî,* « petite chaise », « escabeau », « tabouret » (M. Beaussier, *op. cit.*, p. 858). Sobriquet devenu patronyme ?

KTORZA, CTORZA :
< De l'espagnol *catorce,* ou du français *quatorze.* Il nous faut imaginer les circonstances qui ont fait d'un nombre un sobriquet. Quatorze enfants ?

Le rabbin Abraham Ktorza vivait à Tunis dans la seconde moitié du XVIIIe siècle. Il est l'auteur de Zera' Abraham *(« La Posterité d'Abraham ») imprimé à Livourne en 1821 (D. Cazès,* Notes bibliographiques..., *pp. 230-233).*

David Ktorza (1876-1939), disciple du savant talmudiste Shelomo Dana, a succédé à Youssef Guez dans les fonctions de grand-rabbin de Tunisie, et les a exercées de 1934 à 1939 (P. S., Histoire..., *p. 220, n. 94).*

L

LABI :
< De l'hébreu לְבִיא *labi*, « lion » (Sander et Trénel, *op. cit.*, p. 315). Surnom individuel devenu patronyme.

LAHANA :
< Du turc *lahana*, « chou » (C. Berk et M. Bozdemir, *Dictionnaire turc-français*, Langues O', Paris 1998, p. 291).

LAHMI, LAHMY :
Ethnique correspondant à la ville de Palestine Beth-Lehem. לַחְמִי *Lahmî* = originaire de Bethleem (Sander et Trénel, *op. cit.*, p. 323).

Nom attesté à Tunis au XIXe siècle. *Ketubbah* de Siméon, Hay, fils de Salomon Elahmi, et de Myriam, fille de Moïse, Haïm Valensi, en date du 27 septembre 1863 (*Registres matrimoniaux* n° 776).

LAKHAL :
< De l'arabe أكحل *âkhal*, adj. « noir » (M. Beaussier, *op. cit.*, p. 854). Avec agglutination de l'article, a donné *âl-âkhal*, contracté en *lakhal* : « le noir ». Surnom dicté par une particularité physique, devenu patronyme. Nom porté par des juifs comme par des musulmans (P. Marty, *art. cit.*, p. 391).

LALLOUM, LALOUM :
< De l'arabe لوم *lûm*, subst. « blâme », « reproche » (M. Beaussier, *op. cit.*, p. 913). Précédé de la négation *lâ* donne *lâ-lûm* qui signifierait « irréprochable », « impeccable », « parfait » (cf. M. Eisenbeth, *op. cit.*, p. 145).

LANCAR, LANKAR :
< De l'arabe نقّار *naqqâr*, « graveur » (M. Beaussier, *op. cit.*, p. 996). Précédé de l'article, donne *al-naqqâr*, et par contraction *lanqqâr*. Nom de métier, devenu patronyme.

LANKRI : V. ANKRI.

LARA, COHEN DE LARA :
< Du nom de lieu *Lara*, ville espagnole de la province de Burgos (R. Navas, *op. cit.*, p. 890).

Ce nom est attesté à Tunis dans la deuxième moitié du XVIIe siècle. Des actes du

Consulat de France font état de diverses opérations effectuées par Isaac Cohen de Lara : prêts à la grosse aventure, rachats d'esclaves... (P. G., *op. cit.*, t. VII, pp. 194, 216, 250, 275, 276).

Au XIXe siècle, *ketubbah* de Elie, fils de Abraham Cohen de Lara, et de Rachel, fille de Abraham Boccara, en date du 3 octobre 1810 (*Registres matrimoniaux* n° 338).

LASRI, LASRY :

Ethnique correspondant à العصرية *al-'Asriyya*, localité marocaine située au sud de Fès. *Al-'asrî*, originaire de al-'Asriyya, a donné par contraction Lasri ou Lasry.

LE BEHAR : V. BEHAR.

LEHMANN, LEHMAN, LEMANN :

< De l'allemand *Lehenmann*, « homme lige », « vassal » (A. Dauzat, *op. cit.*, p. 379). Nom introduit en Tunisie par des juifs alsaciens.

LELLOUCH, LELLOUCHE :

< De l'arabe علّوش *'allûsh*, subst. « agneau » (M. Beaussier, *op. cit.*, p. 671). Précédé de l'article, a donné *al-'allûsh* et par contraction *lellûsh*, d'où les transcriptions Lellouch et Lellouche.

Jules Lellouche (1903-1963). Né à Monastir a affirmé très jeune sa vocation de peintre. Elève de l'Ecole des Beaux-Arts de Tunis, il a poursuivi sa formation à Paris, où il a fait des stages dans les Académies libres de Montparnasse. Considéré comme l'un des meilleurs peintres tunisiens, a laissé de nombreuses toiles et dessins inspirés par la vie juive.

LELLOUF, LELOUF : V. EL-ALLOUF.

LÉON, LÉVI DE LÉON :

< De *Léon*, nom d'une province d'Espagne située au nord de la Vieille-Castille, et de la capitale de cette province (R. Navas, *op. cit.*, p. 902).

Nom attesté à Tunis dans la première moitié du XVIIe siècle. Des actes du Consulat de France font état de diverses opérations effectuées par Jacob, Lévi de Léon : rachats d'esclaves chrétiens, exportations de marchandises, nolisements ou achats de navires (P. G., *op. cit.*, t. IV, p.3 sqq.).

A la fin du XVIIIe siècle, *ketubbah* de Raphaël, fils de Abraham Boccara, et de Reine, fille de Isaac Ha-Lévy de Léon, en date du 3 septembre 1789 (*Registres matrimoniaux* n° 25).

LÉVI, LÉVY, HA-LÉVI :

< De l'hébreu לֵוִי *Levi*, nom propre. Lévi, troisième fils de Jacob, chef

de la tribu de ce nom, dont les membres ont été voués au service du culte (*Gen.* 29, 34), cf. Sander et Trénel, *op. cit.*, p. 320.

Nom attesté à Tunis au début du XIXe siècle. *Ketubbah* de Eliezer, Haïm, fils de Abdias Ha-Cohen, et de Esther, fille de Abraham, Hay Ha-Lévy, en date du 31 mars 1817 (*Registres matrimoniaux* n° 420).

Dans une liste de maisons de commerce établies à Tunis en 1865, figure celle de Nathan Lévy, de nationalité autrichienne (Ch. Cubisol, *op. cit.*, p. 66).

Juda Lévy (m. 1848), fils de Nathan Lévy, originaire de Gibraltar, a exercé les fonctions de grand-rabbin de la communauté israélite livournaise de Tunis de 1839 à 1848 (R. Arditti, « Les Epitaphes rabbiniques... », dans R. T. *1932, pp. 99-102).*

Simah Lévy (1868-1923), imprimeur et publiciste, a pris une part active au développement de la presse et de la littérature judéo-arabe tunisienne. A créé de nombreux journaux, parmi lesquels al-Funugrâf *(1907). Habile versificateur, a composé de nombreuses* malzûmât *(poésies chantées),* qinot *(complaintes) et* ghnâyât *(chansons) (D. Hagège,* Littérature judéo-arabe tunisienne, *Sousse 1939, pp. 56-60).*

Victor Lévy (1881-1954). Fils de Simah Lévy et oncle de Raphaël Lévy, ouvrier typographe et publiciste, a publié, sous le pseudonyme de Vehel, et en collaboration avec Ryvel et V. Danon, un recueil de nouvelles : La Hara conte..., *Tunis 1929. Il est aussi l'auteur d'un livre de cuisine : J. Vehel,* La Cuisine tunisienne, *Tunis, s. d., qui fait une large place aux spécialités juives. Sur Vehel, cf. R. Attal,* Autographes, *Jerusalem 1988, p. 79.*

Raphaël Lévy (1898-1972). Petit-fils de Simah Lévy. Enseignant des écoles de l'Alliance israélite universelle, il a fini par en assurer la direction (1943-1953). Sous le pseudonyme de Ryvel, a publié de nombreuses nouvelles inspirées par la vie et les croyances des juifs de Tunisie. Son Enfant de l'Oukala *a été couronné, en 1931, du Prix de Carthage.*

Moses Lévy (1885-1968), artiste-peintre, de nationalité italienne, né à Tunis en 1885, mort à Vianggio en 1968. A laissé une œuvre considérable, dont une partie a été inspirée par les paysages et les scènes de son pays natal, avec de nombreux tableaux relatifs à la vie juive.

Benjamin Lévy (1893-1944). Né à Tunis, docteur en médecine, président de la section tunisienne du Parti Radical-Socialiste. Lors de l'occupation allemande, arrêté par les autorités de Vichy et transféré en France, a été déporté à Auschwitz où il est mort.

LIBRATI :

< De l'italien *liberato*, pl. *liberati* : part. pas. signifiant « libéré », « affranchi » (P. Petrócchi, *op. cit.*, p. 449). Le pluriel s'explique par le fait que le nom est porté par tous les membres d'une même famille.

LICHA, LISCIA, BELLICHA :

< De l'hébreu אֱלִישָׁע *Elisha'* (Dieu est son salut), nom propre masc. Ex. Elisée (II *Rois*, 2, 1), cf. Sander et Trénel, *op. cit.*, p. 29. Ce nom a donné

par aphérèse *Lisha'*, dont Liscia est une transcription à l'italienne. Précédé de l'indice de filiation *ben*, a donné *Bellisha'*.

Nom attesté à Tunis dans la deuxième moitié du XVIIe siècle. Un acte du Consulat de France en date du 15 janvier 1655 fait mention d'un juif de Tunis dénommé Joseph Licha (P. G., *op. cit.*, t. VI, p. 103).

Dans une liste de ressortissants toscans établis à Tunis en 1848, figure le nom d'Auguste Liscia (*R. T.* 1935, pp. 116-117).

LITVINOFF :
< Du russe *Litvinoff*, ethnique, correspondant à *Litvina*, Lithuanie, signifiant « de Lithuanie », « Lithuanien ».

LOMBROSO : V. LUMBROSO.

LOUBATON, LOUBATOUN :
< Du nom de lieu *Lobaton*, ville espagnole située dans la province de Cordoue, ou *Torre de Lobaton*, ville espagnole située dans la province de Valladolid (R. Navas, *op. cit.*, p. 918).

Ce nom était porté par un instituteur de l'Alliance Israélite, né en Bulgarie.

LOUZON, LOUZOUN :
< De l'arabe وزّان *wazzân*, « peseur ». Avec agglutination de l'article *âl*, a donné *âl-wazzân*, contracté *l'wazzân*, transcrit Louzoun ou Louzon.

LOUISADA, LUISADA :
< Du nom de lieu *Lousada*, ville portugaise de la province de Minho.

Ce nom est attesté à Tunis à la fin du XVIIe siècle. Des actes du Consulat de France font état de rachats d'esclaves chrétiens effectués par Jacob, Baruch Louzada (P. G., *op. cit.*, t. VIII, pp. 42, 48, 57, 64, 81).

A la fin du XVIIIe siècle, *ketubbah* de Raphaël, fils de Abraham Israël Enriques, et de Rebecca, fille de Benjamin, Baruch Louizada, en date du 15 septembre 1790 (*Registres matrimoniaux* n° 42).

LUMBROSO, LOMBROSO :
< De l'espagnol *lumbroso*, « lumineux », « illustre » (R. Navas, *op. cit.*, p. 926). Cette épithète laudative, donnée comme surnom, est devenue patronyme.

Ce nom est attesté à Tunis au début du XVIIe siècle. Un acte du Consulat de France, en date du 27 novembre 1619, fait état d'un chargement à destination de Livourne effectué par Samuel Lumbroso (P. G., *op. cit.*, t. III, p. 354).

Sur une liste de ressortissants toscans établis à Tunis en 1848, figure un Lumbroso (*R. T.* 1935, pp. 116-117).

Sur une liste de maisons de commerce établies à Tunis en 1865, figurent celle de David Lumbroso et celle de Haï Lumbroso, l'un et l'autre de nationalité italienne (Ch. Cubisol, *op. cit.*, p. 66).

Isaac Lumbroso (m. 1752) fut le premier grand-rabbin de la communauté livournaise de Tunis, dont il exerça les fonctions pendant quarante-deux ans, de 1710 à 1752. Il a laissé d'importants commentaires de livres du Talmud, avec le titre de Zera' Itshaq *(c. à d. « La Postérité d'Isaac »). L'œuvre a été imprimée à Tunis, en 1768, par les soins du caïd des israélites, Josué Cohen-Tanugi (D. Cazès,* Notes bibliographiques..., *pp. 240-246 ; R. Arditti, « Les Epitaphes rabbiniques... » dans* R. T. *1931, p. 114).*

Joseph Lumbroso (m. 1868) a été le grand-rabbin de la communauté livournaise de Tunis, de 1848 à 1868 (P. S., Histoire..., *p. 133, n. 68).*

Abraham Lumbroso, né à Tunis en 1813, a fait ses études à Florence où il a obtenu en 1835 le diplôme de docteur en médecine. Revenu en Tunisie, il est devenu le médecin d'Ahmed-Bey qu'il a accompagné lors de son voyage en France en 1846. Il a été aussi le médecin de Mohamed-Bey et de Mohamed es-Sadok-Bey. Il a consacré une étude importante à l'épidémie de choléra qui a frappé la Tunisie en 1849-50. Il est également l'auteur de très intéressantes Lettres médico-statistiques sur la Régence de Tunis, *publiées à Marseille en 1860.*

LUNEL :

< Du nom de lieu *Lunel*, ville française dans le département de l'Hérault, devenu patronyme (cf. A. Dauzat, *op. cit.*, p. 400).

Nom attesté à Tunis au début du XIXe siècle. *Ketubbah* de Moïse de Pas, et de Sara, fille de Moïse, Haïm Lunel, en date du 14 octobre 1818 (*Registres matrimoniaux* n° 444).

LUSSATO, LUZZATO :

< Du nom de *Lausitz*, région d'Allemagne située entre l'Elbe et l'Oder, traduit en italien par *Lusazia*, d'où l'adjectif *luzzatus*, qui serait à l'origine du nom *Luzzato* ou *Lussato* (De Felice, *op. cit.*, p. 155 ; cf. A. Milano, *Storia degli Ebrei in Italia*, Torino 1963, p. 580).

Nom attesté à Tunis à la fin du XVIIIe siècle. *Ketubbah* de Meïr, fils de Salomon Lussato, et de Rachel, fille de Samuel Gimsi (*sic*), en date du 12 octobre 1791 (*Registres matrimoniaux* n° 71).

M

MAARAK, MAREK :

< De l'arabe عرك *'araka*, signifiant « lutter », « combattre » (M. Beaussier, *op. cit.*, p. 649). Le dérivé معرك *ma'ârek* pourrait signifier « combatif », « batailleur », « querelleur ».

N. B. : A partir de la racine *haraba* a été formé le mot *muhârab*, part. prés. signifiant « combattant », « belliqueux » (M. Beaussier, *op. cit.*, p. 189). *Ma'ârek* pourrait être considéré comme le participe présent de *'araka.*

Ce nom est attesté à Tunis au XIXe siècle. *Ketubbah* de Benjamin, fils de Isaac Sulema, et de Simha, fille de Haïm Maarek, en date du 29 novembre 1865 (*Registres matrimoniaux* n° 828).

Le rabbin Jacob Maarek, disciple de Isaac Lumbroso, a laissé des commentaires sur un certain nombre de traités talmudiques, réunis en un volume portant le titre de Sufriyah di-Ya'qûb *(c. à d. « Les Ecrits de Jacob ») publié à Livourne en 1792 (D. Cazès,* Notes bibliographiques..., *pp. 247-249).*

Messaoud Maarek, journaliste et publiciste, né à Tunis en 1858, a pris une part active au développement de la presse et de la littérature judéo-arabes. Il a créé les journaux al-Bustân *(1888),* al-Nahla *(1892), et* al-Haqîqa *(1895). Il a collaboré à l'hebdomadaire* al-Zamân *(1910) et au quotidien* al-Sabâh *(1904) (cf. D. Hagège,* Littérature judéo-arabe tunisienne, *pp. 35-38).*

MAATOUK, MATOUK, MATTOUK :

< De l'arabe معتوك *ma'atûk*. 1°. part. passé du verbe عتك *'ataqa*, signifiant « affranchi », « libéré » (M. Beaussier, *op. cit.*, p. 632) ; 2°. nom propre masc. : *Ma'atûk*. Ce nom est porté par des juifs comme par des musulmans (cf. P. Marty, *art. cit.*, p. 394).

MAAZOUZ, MAZOUZ :

< De l'arabe معزوز *ma'azûz*, 1°. participe passé du verbe عزّ *'azza*, signifiant « aimé », « chéri » ; 2°. nom propre masc. : *Ma'azûz* (M. Beaussier, *op. cit.*, p. 651). Ce nom est porté par des juifs comme par des musulmans (cf. P. Marty, *art. cit.*, p. 398).

MADAR, MAHADAR :

Nom d'origine incertaine.

< De l'arabe محضّر *muhaddar*, participe passé du verbe حضّر *haddara*, « préparer », pouvant signifier « appliqué », « soigneux » ? (M. Beaussier, *op. cit.*, pp. 212-213).

< Du nom de lieu *Madaria*, village espagnol de la province d'Alvala (R. Navas, *op. cit.*, p. 936) ?

MAÏMON, MEÏMON. MEÏMOUN, MIMOUN, MIMOUNI :
< De l'arabe ميمون *maymûn*, 1°. adj. « heureux », « fortuné », « favorisé par le sort » ; 2°. nom propre masc. : *Maymoun* (M. Beaussier, *op. cit.*, p. 1092). Avec le suffixe *ya*, donne l'adjectif relatif *Maymûnî* signifiant « de la famille de Maymûn ».

Nom attesté à Tunis au XIXe siècle. *Ketubbah* de Isaac, fils de Rahmin Meimoun, et de Reine, fille de Jacob Curiel, en date du 3 juin 1857 (*Registres matrimoniaux* n° 630).

MAKHLOUF :
< De l'arabe مخلوف *makhlûf.* 1°. participe passé du verbe خلف *khalafa*, signifiant « remplacer », « substituer » ; 2°. *Makhlouf*, nom propre masc., souvent donné à un fils posthume ou à un fils venu au monde après un autre, décédé (M. Beaussier, *op. cit.*, p. 304).

MALEK, MALIK, EL-MALIK :
< De l'arabe مالك *mâlek*, 1°. nom commun « possesseur », « propriétaire » ; 2°. nom propre masc. *Mâlik* (M. Beaussier, *op. cit.*, pp. 944-5).

MALIH, EL-MALIH :
< De l'arabe مليح *malîh*, adj. signifiant « bon » (M. Beaussier, *op. cit.*, p. 942). Surnom individuel devenu patronyme.

MALKA, MALCA, MELCA :
< De l'arabe ملكة *malika*, 1°. nom commun « reine », « souveraine » ; 2°. prénom féminin Malika (M. Beaussier, *op. cit.*, p. 945).
< De l'hébreu מַלְכָּה *malka*, « reine », « femme, ou fille de roi » (Sander et Trénel, *op. cit.*, p. 370).
Dans l'un et l'autre cas, il s'agirait d'un matronyme.

Ce nom est attesté à Tunis au XIXe siècle. *Ketubbah* de Isaac, fils de Samuel Pansieri, et de Esther, fille de Moïse Malka, en date du 26 octobre 1803 (*Registres matrimoniaux* n° 253).

MALKI :
< De l'arabe ملكي *malkî*, adj. signifiant « royal » (M. Beaussier, *op. cit.*, p. 945).

N. B. : C'est à tort, croyons-nous, que certains auteurs font de ce nom un ethnique correspondant à la ville espagnole de *Malaga*.

MAMOU :
< De l'arabe مَمّو *mammû*, « petit enfant », « bébé » (M. Beaussier, *op. cit.*, p. 946).
< De l'arabe مَمّو *mammû*, « pupille », « prunelle » (M. Beaussier, *op. cit.*, p. 946).

N. B. : Les deux étymologies sont retenues par P. Marty, *art. cit.*, pp. 391-392.

Isaac Mamou (1880-1967), militant sioniste, a participé au Congrès sioniste de Bâle en 1911. A traduit de l'hébreu en judéo-arabe l'œuvre du romancier Abraham Mapou, Ahavat Sion *(c. à d. « L'Amour de Sion »). A laissé un intéressant témoignage sur l'occupation nazie à Nabeul (v. R. Attal et Cl. Sitbon,* Regards sur les juifs de Tunisie, *Paris 1980, pp. 190-193).*

MANI :
< Du nom d'une tribu de Tripolitaine, *Aylât al-Mânî*, établie dans la région de Misurata (M. Eisenbeth, *op. cit.*, p. 149).
< De l'hébreu מְנַחֵם *Menahem* (« le consolateur »), nom propre masc. Ex. : Menahem, roi d'Israël (II *Rois* 15, 17), cf. Sander et Trénel, *op. cit.*, p. 380. *Mani* serait un diminutif de Menahem (cf. M. A. Ouaknin et D. Rotnemer, *Le Livre des prénoms bibliques et hébraïques*, Paris 1997, p. 336). Cette origine nous semble la plus probable.

MAROUANI, MARUANI :
< De l'arabe مروان *Marwân*, nom propre masc. (M. Beaussier, *op. cit.*, p. 930). Avec le suffixe *ya*, donne l'adjectif relatif *Marwânî* signifiant « de la famille de Marwân ».

Nom attesté à Tunis au XIXe siècle. *Ketubbah* de Siméon, fils de Makhlouf Belhassen, et de Messa'ouda, fille de Abraham Marouani, en date du 22 septembre 1858 (*Registres matrimoniaux* n° 670).

MARZOUK. MARZUK :
< De l'arabe مرزوق *marzûq*, 1°. adj. « fortuné », « heureux » ; 2°. nom propre masc. : *Marzûq* (M. Beaussier, *op. cit.*, p. 394). Ce nom à caractère votif est porté par des juifs comme par des musulmans.

Ce nom est attesté à Tunis au XIXe siècle. *Ketubbah* de Fraji, fils de Jacob Marzouk, et de Esther, fille de Isaac Shalom, en date du 19 avril 1867 (*Registres matrimoniaux* n° 860).

MASLIAH :
< De l'hébreu צָלַח *tselah*, « réussir » (Sander et Trénel, *op. cit.*, p. 616). *Matsliah* : « qui réussit ». Nom votif devenu patronyme.

MAZEL :
< De l'hébreu מַזָּל *mazel,* « chance », pour *mazel-tov,* « bonne chance » (Sander et Trénel, *op. cit.*, p. 351). Nom à caractère votif.

MAZIGH :
< Du berbère *Amazigh,* pl. *Imazighen,* « homme libre ». C'est le nom que se donnent les Berbères (cf. J. Despois, *L'Afrique du Nord,* 3e éd. Paris 1964, pp. 115-116). Ce nom est porté par des juifs comme par des musulmans.

MEDAM :
Nom d'origine obscure.
< De l'arabe ذمّ *dhemm,* verbe signifiant « blâmer », « condamner » (M. Beaussier, *op. cit.*, p. 367), dont le part. passé est *medhmûm.* Peut-on voir dans Medam une altération de ce participe ?

MEDINA :
< De l'arabe مدينة *madîna,* « ville ». Ce mot est entré dans la formation de nombreux noms de villes espagnoles : *Medina del Campo* (prov. de Valladolid), *Medina de Las Torres* (prov. de Badajoz), *Medina del Rio seco* (prov. de Valladolid), *Medina Sidonia* (prov. de Cadix), cf. R. Navas, *op. cit.*, p. 971. Localité d'origine de nombreux juifs expulsés d'Espagne en 1492 ou de Marranes ayant pris la décision d'émigrer pour échapper aux poursuites de l'Inquisition.

Ce nom est attesté à Tunis dans la deuxième moitié du XVIIe siècle. Des actes du Consulat de France font état de diverses opérations (rachats d'esclaves chrétiens, exportations de marchandises...) effectuées par Isaac Medina (P. G., *op. cit.*, t. VI, pp. 38 sqq.).

A la fin du XVIIIe siècle, *ketubbah* de Isaac, fils de Joseph Lumbroso, et de Esther, fille de Jacob Medina, en date du 13 novembre 1788 (*Registres matrimoniaux* n° 12).

Sur une liste de maisons de commerce établies à Tunis en 1865, figure celle de Abraham Medina, de nationalité anglaise (Ch. Cubisol, *op. cit.*, p. 66).

MEGAÏDES :
Nom d'origine incertaine.
< Du nom de lieu Meghdis (*sic*), village berbère du Djebel Nefousa en Tripolitaine (M. Eisenbeth, *op. cit*, p. 152). Mais nous n'avons pas trouvé une confirmation de l'existence de ce toponyme (cf. J. Despois, *art. cit.*, p. 263-284).
< De l'arabe مقيدش *Maqaydash,* 1°. nom propre, personnage d'un conte ; 2°. nom commun : « nain », « pygmée » (M. Beaussier, *op. cit.*, p. 782). S'agit-il d'un sobriquet donné à une personne de petite taille ?

MEÏMON, MEÏMOUN : V. MAÏMON.

MELLOUL :

< Du berbère *amellal*, signifiant « blanc » (J. M. Dallet, *op. cit*, p. 497). Surnom donné à une personne blanche de peau, devenu patronyme.

N. B. : C'est par le berbère *amlal, amellal* signifiant « blanc » que l'on explique un certain nombre de toponymes d'Algérie et de Tunisie. Ex. : Aïn Melloul (Algérie), Bir al-Mellouli (Tunisie), (A. Pellegrin, *Essai sur les noms de lieux*, Tunis 1948, p. 83).

Ce nom est attesté à Tunis au XIXe siècle. *Ketubbah* de Jacob, fils de Juda Melloul, et de Anna, fille de Salomon Tedeschi, en date du 3 mars 1862 (*Registres matrimoniaux* n° 756).

MEMMI :

< De l'arabe مُمّو *mammû*, signifiant « petit enfant », « bébé » (M. Beaussier, *op. cit.*, p. 946) : avec le pronom affixe de la première personne *ya* donne *mammî*, signifiant « mon petit enfant », « mon bébé ». Appellation hypocoristique devenue patronyme. Ce nom est porté par des juifs comme par des musulmans, avec les graphies Mami, Mamy, Memmi (P. Marty, *op. cit.*, pp. 391-392).

N. B. : La graphie *Memmi* porte à confondre le nom tunisien Memmi avec le nom italien Memmi, qui est un diminutif du nom Gugliemi (De Felice, *op. cit.*, p. 166).

Nom attesté à Tunis au XIXe siècle. *Ketubbah* de Abraham, fils de Haïm Memmi, et de Oumila (*sic*), fille de Abraham Sebouk, en date du 15 octobre 1845 (*Registres matrimoniaux II*, n° 58).

MENASCE :

< De l'hébreu מְנַשֶּׁה *Manasse* (Il s'est souvenu), nom propre masc. Ex. : Manassé, fils de Joseph (*Gen.* 41, 51) ; Manassé, fils d'Ezechias, roi de Juda (II *Rois* 21, 1), cf. Sander et Trénel, *op. cit.*, p. 381. Nom individuel devenu patronyme.

MENDES, MENDEZ, MENDES-OSSONA, MENDES-OSSUNA :

< De l'espagnol *Mendo*, nom propre masc. Avec la terminaison *ez* (en espagnol) ou *es* (en portugais) exprimant la filiation, devient Mendez ou Mendes = « fils de Mendo ». Le nom Mendes ou Mendez est porté par de nombreux juifs chassés d'Espagne en 1492 et par des Marranes qui ont émigré pour échapper aux poursuites de l'Inquisition. On le retrouve dans tous les pays de la diaspora des juifs ibériques.

Le nom de Mendes-Ossuna est attesté à Tunis à la fin du XVIIe siècle. Des actes du Consulat de France font état des opérations (prêts à la grosse aventure, rachats d'esclaves chrétiens, exportations et importations de marchandises, nolisements ou achats de navires) effectuées par Moïse Mendes-Ossuna et son fils Abraham (cf. P. G., *op. cit.*, t. VIII, v. index).

A la fin du XVIIIe siècle, *ketubbah* de Aron, fils de Isaac Franco, et de Esther, fille de Jacob, Hay Mendes-Ossona, en date du 26 octobre 1788 (*Registres matrimoniaux* n° 10).

MENDOZA :

< Du nom de lieu *Mendoza*, ville espagnole de la province d'Alava. Ce nom de lieu, devenu patronyme, a été porté par de nombreux hommes célèbres. C'est aussi celui de nombreux juifs chassés d'Espagne en 1492, ou de Marranes qui ont fini par émigrer pour échapper aux poursuites de l'Inquisition.

Ce nom est attesté à Tunis au début du XVIIIe siècle. Le voyageur naturaliste J. A. Peyssonnel fait état d'un docteur Mendoza qui était médecin du Bey (J. A. Peyssonnel, *Voyage dans la Régence de Tunis*, Paris 1838, t. I, pp. 49-51).

A la fin du XVIIIe siècle, *ketubbah* de Gabriel, fils de Joseph Mendoza et de Rachel, fille de Gabriel Mendoza, en date du 22 septembre 1790 (*Registres matrimoniaux* n° 45).

Il existait à Tunis une synagogue livournaise, située rue Zarkoun, qui portait le nom de *Slat Mantoza* (c. à d. synagogue Mendoza), *Indicateur tunisien* 1899, p. 308.

MESRATI :

Ethnique correspondant à la ville tripolitaine de *Misrata* (*Misurata* des cartes italiennes), située à l'est de Tripoli (cf. *Guide Bleu Algérie-Tunisie*, 1927, p. 468). *Mesrati* = originaire de Misrata

MESSAS, MECHACH, MECHACHE :

< De l'arabe مساس *massâs*, nom d'agent, dérivé du verbe مسّ *messa*, « toucher » (M. Beaussier, *op. cit.*, p. 932), pourrait signifier « touche à tout », ou, avec une connotation sexuelle, « qui se livre à des attouchements ».

MESSERI, MISSERI :

< De l'arabe مسري *misrî*, adj. « égyptien » et ماسري *mâsirî*, subst. « Egyptien » (M. Beaussier, *op. cit.*, p. 936). Ethnique devenu patronyme.

MESSIKA, MESSICA, MSIKA, MSICA :

< De l'arabe مسك *mesk*, « musc ». Ce mot est employé au figuré, pour désigner ce qu'il y a de meilleur, la crème, la fleur. Ex. : *mesk al-nâs* = « le meilleur des hommes » (M. Beaussier, *op. cit.*, p. 934). Il faut voir dans *msîka* un diminutif de *mesk*, avec le sens de « petit musc », « brin de musc ». Appellation hypocoristique donnée à un enfant, devenue patronyme.

Ce nom est attesté à Tunis à la fin du XVIIIe siècle. *Ketubbah* de Jacob, fils de Benjamin Boccara, et de Aziza, fille de Nessim Messica, en date du 2 mars 1795 (*Registres matrimoniaux* n° 121).

METOUDI, METTOUDI :

Nom d'origine obscure.

< De l'arabe تعدّد *'ta'added*, signifiant « se multiplier », « s'accroître en nombre », « proliférer » (M. Beaussier, *op. cit.*, p. 636). Peut-on voir dans

Metoudi une déformation du participe de ce verbe : *muta'added* ? Est-ce le surnom donné à un père prolifique ?

Nom attesté à Tunis au XIXe siècle. *Ketubbah* de Elie, Hay, fils de Isaac Metoudi, et de Esther, fille de Joseph Boccara, en date du 2 avril 1852 (*Registres matrimoniaux II*, n° 87).

MEZGHANI, MEZGHENI, MEZGHINI :
< Du nom d'une tribu, les *Beni Mezghanna*, établis sur l'emplacement d'Alger, *Djezaïr Beni Mezghanna*, « les îles des Beni Mezghanna » (Al-Bakrî, *Description de l'Afrique septentrionale*, Alger 1913, p. 136 ; cf. A. Pellegrin, *Essai...*, p. 166).

MEZRAHI, MIZRAHI :
< De l'hébreu מִזְרָח *mizrah*, « est », « orient », « levant ». Le suffixe *yod* donne au mot la valeur d'un adjectif relatif *mizrahî* : « oriental », « levantin » (Sander et Trénel, *op. cit.*, p. 352). Ethnique devenu patronyme.

Nom attesté à Tunis au XIXe siècle. *Ketubbah* de Moïse, fils de Abraham Mizrahi, et de Penina, dénommée Fanny, fille de Juda Voltera, en date du 10 mai 1871 (*Registres matrimoniaux* n° 993).

Acher Mizrahi (1890-1967), né à Jerusalem, a vécu à Tunis de 1929 à 1967. Chantre de grand talent, auteur de nombreux piyyûtim, *a formé de nombreux* paytanim *locaux (R. Attal,* Autographes, *Jerusalem 1994, p. 91).*

MIMOUN, MIMOUNI : V. MAÏMON.

MKEIS :
< De l'arabe مقياسة *maqiyâsa,* , pl. مقاييس *mqâys*, « bracelet d'or ou d'argent » (M. Beaussier, *op. cit.*, p. 844). Surnom donné à un fabricant de bracelets, devenu patronyme.

MOATI, MOATTI, MOATTY :
< De l'arabe معطي *mu'atî*, 1°. adj. « qui donne », « généreux », « munificent » ; 2°. nom propre masc. : *Mu'atî* (M. Beaussier, *op. cit.*, p. 661).

Ce nom est attesté à Tunis au XIXe siècle. *Ketubbah* de Samuel, fils de Abraham Moati, et de Sara, fille de Jacob Boccara, en date du 7 juin 1859 (*Registres matrimoniaux* n° 690).

Joseph Moatti (m. 1870), dayyân, *rabbin-juge de Sousse, a laissé des commentaires de traités talmudiques publiés après sa mort, sous le titre* Shem Yossef *(c. à d. « Le Nom de Joseph ») à Jerusalem 1879-1881 (D. Cazès,* Notes bibliographiques..., *pp. 250-253).*

*Léon Moatti (1900-1979), docteur en médecine, spécialiste d'oto-rhino-laryngologie, a été le président-fondateur de l'*Œuvre de secours à l'enfance *en Tunisie (R. Attal,* Autographes, *p. 92).*

MODIGLIANI :

< Du nom de lieu *Modigliana*, ville de Toscane, dans la région de Florence (De Felice, *op. cit.*, p. 171).

Ce nom figure sur une liste de ressortissants toscans, établis à Tunis en 1848 (*R. T.* 1935, pp. 116-117).

Nom attesté à Tunis au XIXe siècle. *Ketubbah* de Abraham, fils de Isaïe Lumbroso, et de Esther, fille de Josué Modigliani, en date du 23 septembre 1857 (*Registres matrimoniaux* n° 639).

MOLCO :

< Du portugais *molho*, « botte de foin » (D. Azevedo, *op. cit.*, p. 584). Nom donné à un marchand de fourrage ? On retrouve ce nom sous la forme Molho dans toutes les villes de l'Empire ottoman qui accueillirent des juifs après l'expulsion de 1492. Molco serait une forme italianisée de Molho.

Ce nom est attesté à Tunis au XIXe siècle. *Ketubbah* de Isaac, fils de Aaron Molco, et de Myriam, fille de Abraham Lumbroso, en date du 9 octobre 1859 (*Registres matrimoniaux* n° 699).

Il figure sur une liste de ressortissants toscans, établis à Tunis en 1848 (*R. T.* 1935, pp. 116-117).

Sur une liste de maisons de commerce, établies à Tunis en 1865, figurent celle de Prospero Molco et celle d'Augusto Molco, l'un et l'autre de nationalité italienne (Ch. Cubisol, *op. cit.*, p. 66).

Emilio Molco, né à Tunis vers 1870, a fait ses études de médecine à la Faculté de médecine de Bologne. Médecin et chirurgien estimé, directeur de l'Hôpital italien et membre du comité d'administration de l'Hôpital israélite de Tunis (A. Arrouas, Livre d'Or *1932, p. 135).*

MONTEFIORE :

< Du nom de lieu : *Montefiore*, en Emilie (province de Forli) ; *Montefiore* dans les Marches (province d'Ascoli).

Ce nom figure sur une liste de ressortissants toscans, établis à Tunis en 1848 (*R. T.* 1935, pp. 116-117).

Ketubbah de Abraham, fils de Jacob Montefiore, et de 'Azîza, dénommée Adèle, fille de Yeshu'a Modigliano, en date du 29 juin 1864 (*Registres matrimoniaux* n° 793).

MORENO :

< De l'espagnol *moreno*, adj. signifiant « brun » (R. Navas, *op. cit.*, p. 1017).

Ce nom est attesté à Tunis dans la deuxième moitié du XVIIe siècle. Des actes du Consulat de France font état de diverses opérations effectuées par Joseph Israël Moreno (P. G., *op. cit.*, t. VI, p. 8 sqq.).

Ce nom figure sur une liste de ressortissants toscans établis à Tunis en 1848 (*R. T.* 1935, pp. 116-117).

Ce nom est attesté à Tunis à la fin du XVIIIe siècle. *Ketubbah* de Salomon, fils de Abraham Israël Enriquès, et de Esther, fille de Abraham Moreno, en date du 16 novembre 1796 (*Registres matrimoniaux* n° 151).

MORPURGO :

< Du nom de lieu *Marburg*, ville allemande de Styrie. Une communauté juive y était établie, qui en fut expulsée au XVIe siècle, et se réfugia en Vénétie Julienne. Le nom de Marburg altéré et italianisé en *Morpurgo* est devenu un patronyme (De Felice, *op. cit.*, p. 173 ; cf. A. Milano, *op. cit.*, p. 580).

Ce nom figure sur une liste de ressortissants toscans établis à Tunis en 1848 (*R. T.* 1935, pp. 116-117).

Ketubbah de Joseph, fils de Salomon Cardozo, et de Léa, fille de Joseph Amorborgo (pour Morpurgo), en date du 22 novembre 1871 (*Registres matrimoniaux* n° 1007).

MOSNINO, MOUCHNINOU : V. EL-MOSNINO.

MOSSÉ :

< De l'hébreu מֹשֶׁה *Moshé*, Moïse (Sander et Trénel, *op. cit.*, p. 412), francisé en Mossé dans le Comtat Venaissin (A. Dauzat, *op. cit.*, p. 442).

MOULI, MOULY. EL-MOULI :

< De l'arabe مولى *mûlâ*, « maître », « propriétaire » (M. Beaussier, *op. cit.*, p. 1082). Suivi du pronom affixe de la première personne, donne مولي *mulay*, c. à d. « mon maître ».

MOUSSA, BEN-MOUSSA, BEN-MUSSA :

< De l'arabe موسى *Mûsâ*, forme arabisée de Moïse (M. Beaussier, *op. cit.*, p. 952). Précédé de l'indice de filiation *ben*, donne Ben-Moussa et Ben Mussa, en deux mots ou en un seul mot.

Abraham Benmoussa, auteur d'un commentaire sur le traité talmudique Nazir *est mort à Tunis en 1741 (D. Cazès,* Notes bibliographiques..., *p. 185 ; cf. R. Arditti, « Les Epitaphes rabbiniques... » dans* R. T. *1931, p. 107).*

MSIHID :

Nom d'origine incertaine.

< De l'arabe مسهد *msahed*, part. passé du verbe سهد *sahada*, signifiant « absorbé », « occupé » (M. Beaussier, *op. cit.*, p. 498).

< De l'arabe مشاهد *mshâhed*, adj. signifiant « qui voit », « qui assiste à », « qui est témoin de » (M. Beaussier, *op. cit.*, p. 545), avec substitution d'un

sin au *shin*, caractéristique du parler des juifs de Tunis ?

MSIKA, MSICA : V. MESSIKA.

N

NAAMAN, NAMANE :
< De l'hébreu נַעֲמָן *Naaman* (« plaisant », « agréable »). Nom propre masc. Ex. : Naaman, fils de Benjamin (*Gen.* 46, 21) ; Naaman, fils de Bila (*Nombres* 26, 40) ; Naaman, général de l'armée du roi de Syrie (II *Rois* 5, 1) ; cf. Sander et Trénel, *op. cit.*, p. 456. Nom individuel devenu patronyme.

NABET :
< Du nom d'une tribu de la région de Constantine (M. Eisenbeth, *op. cit.*, p. 157).

NACCACH, NACCACHE, NAKACHE, NAKAS, NACASCH :
< De l'arabe نقّاش *naqqâsh*, subst. « graveur », « sculpteur », « ciseleur » (M. Beaussier, *op. cit.*, p. 997). Nom de métier devenu patronyme. Nom porté par des juifs comme par des musulmans (P. Marty, *art. cit.*, p. 396).

Nom attesté à Tunis au début du XIXe siècle. *Ketubbah* de Israël Nunès-Vaïs, et de Mimia, fille de Amram Naccash, en date du 5 octobre 1813 (*Registres matrimoniaux* n° 385).

Moïse Naccache, rabbin tunisois du XVIIIe siècle, est l'auteur de Torah Moshe *(c. à d. « La Loi de Moïse »), publié à Livourne en 1826 (D. Cazès,* Notes bibliographiques..., *pp. 254-256).*

NADJAR, NAJAR, NEDJAR, NEJAR, NIJAR, NISARD, NIZARD :
< De l'arabe نجّار *najjâr*, « charpentier », « menuisier », « ébéniste » (M. Beaussier, *op. cit.*, p. 961). Nom de métier, devenu patronyme. Nom porté par des juifs comme par des musulmans (P. Marty, *art. cit.*, p. 396).

Ce nom est attesté à Tunis au début du XVIIe siècle. Un acte du Consulat de France fait état d'un prêt consenti par Jacob Najar, juif de Tunis (P. G., *op. cit.*, t. III, p. 12).

Au milieu du XIXe siècle, *ketubbah* de Israël, fils de Jacob Najar, et de Judica, fille de Isaac Costa, en date du 23 septembre 1866 (*Registres matrimoniaux* n° 849).

Juda Nijar (m. 1830), notaire puis dayyân, *rabbin-juge, de Tunis, a composé de nombreux ouvrages qui ont été imprimés à Livourne ou à Pise (D. Cazès,* Notes bibliographiques..., *pp. 261-278).*

Makhlouf Nadjar (1888-1963), imprimeur et publiciste à Sousse, a fondé le journal Al-Najma *(« L'Etoile ») et en a assuré la publication de 1920 à 1961. Plus de 150 ouvrages en hébreu et en judéo-arabe, à caractère religieux ou profane, sont sortis de ses presses (R. Attal,* Autographes, *p. 80).*

NAFTALI, NEFTALI :
< De l'hébreu נַפְתָּלִי *Nephtali* (« ma lutte »). Nom propre masc. Ex : Nephtali, fils de Jacob et de Bilha, souche de la tribu de ce nom (*Gen.* 30, 8), cf. Sander et Trénel, *op. cit.*, p. 461. Nom individuel devenu patronyme.

NAHMANI :
< De l'hébreu נַחֲמָנִי *Nahmani* (« ma consolation »), nom propre masc. Ex. : Nahmani (*Néhémie* 7, 7), cf. Sander et Trénel, *op. cit.*, p. 444.

NAHMIAS, NAMIAS :
< De l'hébreu נְחֶמְיָה *Nehamia* (« que Dieu console »). Nom propre masc. Ex. : Nehamia, l'auteur du livre de ce nom (*Neh.* 1, 1), cf. Sander et Trénel, *op. cit.*, p. 444. N. B. : La forme Nahmias (avec un s) correspond à l'usage espagnol de désigner les membres d'une famille par un nom au pluriel.

Nom attesté à Tunis au début du XVIIIe siècle. Un acte du Consulat de France, en date du 10 juin 1701, fait mention d'un marchand juif dénommé Salomon Namias (P. G., *op. cit.*, t. X, p. 17).

Au XIXe siècle, *ketubbah* de Elie, fils de Isaac Namias, et de Hafsia, fille de Isaac Sfez, en date du 25 mars 1858 (*Registres matrimoniaux* n° 649).

NAHOM, NAHOUM, NAHUM :
< De l'hébreu נָחוּם *Nahum*, nom propre masc. Ex. : Nahum, l'un des douze petits prophètes (*Nahoum*, 1, 1), cf. Sander et Trénel, *op. cit.*, p. 442.

Nom attesté à Tunis au XIXe siècle. *Ketubbah* de Joseph, fils de Jacob Montefiore, et de Rachel, fille de Nessim Nahum, en date du 2 août 1868 (*Registres matrimoniaux* n° 887).

NAHON :
< Du nom de lieu *Naon*, ville espagnole de la province d'Oviedo (Laredo n° 820).
< De l'hébreu נָחוּם *Nahum*, nom propre masc. Ex. : Nahum, l'un des douze petits prophètes (*Nahoum*, 1, 1), cf. Sander et Trénel, *op. cit.*, p. 442.
Nahon pourrait être une déformation du nom biblique.

NAÏM, NAYM :
< De l'arabe نعيم *na'îm*, « bienfaisant » (M. Beaussier, *op. cit.*, p. 987).
< De l'hébreu נָעִים *na'îm*, « agréable », « doux », « bienveillant » (Sander et Trénel, *op. cit.*, p. 456).
Précédé de l'indice de filiation *ben*, donne *Ben-Na'îm*.

NARBONI :
Ethnique correspondant à *Narbonne*, ville française de l'Hérault, originaire de Narbonne.

Ce nom est attesté à Tunis à la fin du XVIIIe siècle. *Ketubbah* de Isaac, fils de Moïse Boccara, et de Luna, fille de Abraham Narboni, en date du 30 mars 1798 (*Registres matrimoniaux* n° 181).

NATAF, NATTAF :
< De l'hébreu נָטָף *nataf*, « aromate », « résine odoriférante » (Sander et Trénel, *op. cit.*, p. 448).

Nom attesté à Tunis au XIXe siècle. *Ketubbah* de Salomon, fils de Aaron Nataf, et de Simha, fille de Isaac Lussato, en date du 24 août 1858 (*Registres matrimoniaux* n° 661).

Isaac Nataf, rabin-juge, dayyân, *à Tunis, a laissé un ouvrage intitulé* Ushebu'atu le-Itshaq *(c. à d. « Le Serment d'Isaac ») imprimé à Livourne en 1820 (D. Cazès,* Notes bibliographiques..., *pp. 257-8).*

Elie Nataf (1888-1962), avocat à la cour d'appel de Tunis, a exercé les fonctions de Président de la communauté israélite de Tunis, de 1934 à 1937 et de 1947 à 1951. A été l'un des principaux animateurs et rédacteurs du journal La Justice, *deuxième série (1923-1934).*

NEDJAR, NEJAR : V. NADJAR.

NESSIM :
< De l'hébreu נֵס *nes*, pl. *nessim*, 1°. subst. « miracle », « merveille » ; 2°. nom propre masc. *Nessim* (Sander et Trénel, *op. cit.*, p. 453). Nom individuel devenu patronyme.

NEUMANN :
< De l'allemand *neu*, « nouveau », et *Mann*, « homme », signifiant « homme nouveau » ou « nouveau venu » (A. Dauzat, *op. cit.*, p. 450). Nom introduit en Tunisie par des juifs allemands, ayant fui les persécutions nazies.

NHAISSI :
< De l'arabe نحايسي *nahâysî*, pl. نحايسيّة *nahâysiya*, « dinandier », « chaudronnier » (M. Beaussier, *op. cit.*, p. 964). Nom de métier devenu patronyme.

NIJAR, NISARD, NIZARD : V. NADJAR.

NOUCHI, NOUCHY :

Ethnique correspondant à *Nucia,* ville espagnole de la province d'Alicante (R. Navas, *op. cit.*, p. 1053).

N. B. : Selon M. Eisenbeth, la ville serait Anoucha dans la province de Valence.

NUNÈS, NUNEZ, NUNÈS-VAÏS :

< De l'espagnol *Nuño,* suivi de l'indice de filiation *ez* (espagnol) ou *es* (portugais) = fils de *Nuño.*

Ce nom est attesté à Tunis à la fin du XVIIe siècle. Des actes du Consulat de France font mention de Abraham Nunez (P. G., *op. cit.*, t. VIII, pp. 306-307).

A la fin du XVIIIe siècle, *ketubbah* de Gabriel, fils de Jacob Medina, et de Metoura, fille de Abraham, Haïm Nunès, en date du 25 mai 1797 (*Registres matrimoniaux* n° 171).

Un Nunès-Vaïs figure sur une liste de ressortissants toscans établis à Tunis en 1848 (*R. T.* 1935, pp. 116-117).

O

OBADIYAH, OVADIAH, ABDIAS :

< De l'hébreu עֹבַדְיָה *'Obadiyah* (« serviteur de Dieu »). Nom propre masc. Ex : Obadiyah, l'un des douze petits prophètes (*Obad.* 1, 1), cf. Sander et Trénel, *op. cit.*, p. 502. N. B. : *Servadio* est la traduction de 'Obadiyah en italien.

Ce nom est attesté à Tunis au début du XIXe siècle. *Ketubbah* de Juda Abdias et de Esther, fille de Abraham Nunès, en date du 30 août 1808 (*Registres matrimoniaux* n° 313).

OHANA :

< De l'hébreu חַנָּה *Hanna* (« grâce »). Nom propre fém. Ex. Hanna, mère de Samuel (I *Sam.* 1, 2), cf. Sander et Trénel, *op. cit.*, p. 191. Précédé de *o*, indice de filiation en langue berbère, donne *O-Hanna*, c. à d. « fils de Hanna ».

< De l'arabe هنا *hanâ*, « calme », « paix », « quiétude » (M. Beaussier, *op. cit.*, p. 1031). Précédé de *o*, indice de filiation en langue berbère, donne *O-Hana*, c. à d. « fils de la paix ».

Ce nom est attesté à Tunis à la fin du XVIIIe siècle. *Ketubbah* de Juda, fils de Eliézer Ohana, et de Deborah, fille de Abraham Corcos, en date du 21 mars 1797 (*Registres matrimoniaux* n° 165).

OREFICE :

< De l'italien *orefice*, « orfèvre » (De Felice, *op. cit.*, p. 182). Nom de métier devenu patronyme.

Le nommé C. Orefice figure sur une liste de ressortissants toscans établis à Tunis en 1848 (*R. T.* 1935, pp. 116-117).

ORTONA :

< Du nom de lieu *Ortona*, ville italienne des Abbruzes, province de Chieti, où une communauté israélite était établie au XVIe siècle (De Felice, *op. cit.*, p. 183).

Nom attesté à Tunis au XIXe siècle. *Ketubbah* de Samuel, dénommé Ernesto, fils de Mardochée Melloul, et de Rosa, dénommée Rosina, fille de Israël Artona (Artona = Ortona), en date du 8 décembre 1869 (*Registres matrimoniaux* n° 938).

OSSONA, OSSUNA, MENDES-OSSONA, MENDES-OSSUNA :

< Du nom de lieu *Osuna*, ville espagnole de la province de Séville (R. Navas, *op. cit.*, p. 1085).

Ce nom est attesté à Tunis à la fin du XVIIe siècle. Des actes du Consulat de France font état de diverses opérations (rachats d'esclaves chrétiens, prêts à la grosse aventure, exportations et importations de marchandises, achats et ventes de navires) effectuées par Abraham Mendes-Ossuna (P. G., *op. cit.*, t. VIII, pp. 52 sqq.).

A la fin du XVIIIe siècle, *ketubbah* de Joseph Hay, fils de Mardochée Mendes-Ossona, et de Luna, fille de Nathan Toubiana, en date du 15 juin 1791 (*Registres matrimoniaux* n° 58).

OUAKI :
< De l'arabe واقي *wâqî*, « craignant Dieu », « pieux », « dévot » (M. Beaussier, *op. cit.*, p. 1075). Surnom individuel devenu patronyme.

OUAKIL :
< De l'arabe وكيل *waqîl*, « mandataire », « représentant des parties », « avocat » (M. Beaussier, *op. cit.*, p. 1076). Nom de profession devenu patronyme.

N. B. : Il y avait des oukils juifs près le Tribunal rabbinique de Tunis (cf. *Ann. Isr.* 1953, p. 26).

OUZAN, OZAN : V. UZAN.

OUZIEL :
< De l'hébreu עֻזִּיאֵל *'Uzziel* (« Dieu est ma force »). Nom propre masc. Ex. Uzziel, fils de Kehath (*Exode* 6, 18), cf. Sander et Trénel, *op. cit.*, p. 521.

Ce nom est attesté à Tunis dans la deuxième moitié du XVIIe siècle. Des actes du Consulat de France font état de nombreuses opérations (prêts à la grosse aventure, importation de marchandises, achats de navires, rachats d'esclaves chrétiens) effectuées par David Ouziel (P. G., *op. cit.*, t. VI, pp. 5 sqq. ; t. VII, pp. 3 sqq.).

Clément Ouziel, né en 1867 à Sofia, a été le directeur de l'Alliance israélite de Tunisie de 1900 à 1933 (P. Lambert, op. cit., *p. 317 ; A. Arrouas,* Livre d'or *1932, p. 144).*

P, Q

PANSIERI :

< De l'italien *pancia*, « ventre » (qui revêt la forme *pansa* dans l'Italie du Nord et *panza* dans l'Italie du Sud). On doit voir dans *pansieri* le pluriel de *pansiero*, qui signifierait « pansu » ou « gros mangeur » (De Felice, *op. cit.*, p. 187).

Ce nom est attesté à Tunis à la fin du XVIIIe siècle. *Ketubbah* de Isaac, fils de Isaïe Pansir, et de Sephora, fille de Jacob, Baruch Louizada, en date du 8 juin 1796 (*Registres matrimoniaux* n° 146).

PARIENTE, PARIENTI, PARIENTY :

< De l'espagnol *pariente*, « parent » (R. Navas, *op. cit.*, p. 1108).

Ce nom est attesté à Tunis au début du XVIIe siècle. Des actes du Consulat de France font état de diverses opérations effectuées par Juda Parente (P. G., *op. cit.*, t. II, pp. 82 sqq.).

Au début du XIXe siècle, *ketubbah* de Isaac, fils de Moïse Elhaïk et de Jamila, fille de Yeshou'a Pariente, en date du 6 septembre 1808 (*Registres matrimoniaux* n° 317).

Semtov Pariente a dirigé les écoles de l'Alliance israélite en Tunisie de 1893 à 1900 (A. Arrouas, Livre d'or *1932, p. 145).*

PAS, PAZ, DE PAZ :

< De l'espagnol *paz*, « paix » (R. Navas, *op. cit.*, p. 1117), trad. de l'hébreu *shalom*, « paix », « salut ». Précédé de l'indice de filiation *de*, donne De Paz, « le fils de Paz ».

Ce nom est attesté à Tunis à la fin du XVIIe siècle. Des actes du Consulat de France font état de diverses opérations effectuées par Abraham de Paz (P. G., *op. cit.*, t. VIII, p. 307).

A la fin du XVIIIe siècle, *ketubbah* de Jacob, fils de Mardochée de Pas, et de Léa, fille de Daniel Chalom, en date du 15 juin 1788 (*Registres matrimoniaux* n° 3).

Un de Paz figure sur une liste de ressortissants toscans établis à Tunis en 1848 (*R. T.* 1935, pp. 116-117).

PEGNA, PEÑA :

< De l'espagnol *peña*, « rocher » (R. Navas, *op. cit.*, p. 1127). Peut avoir été un surnom donné à une personne en raison de sa vigueur physique ou de sa force d'âme.

< Du nom de lieu *Peña*, ville espagnole de la province de Salamanque (R. Navas, *op. cit.*, p. 1127).

La forme *Pegna* correspond à une transcription à l'italienne.

Ce nom est attesté à Tunis au début du XVIIe siècle. Des actes du Consulat de France font état de diverses opérations effectuées par Moïse, Israël Pena (P. G., *op. cit.*, t. IV, pp. 165 sqq.).

PERÈS, PEREZ, PERETZ :

< De l'hébreu פֶּרֶץ *Perets*, nom propre masc. Ex. Perets, fils de Juda (*Gen.* 38, 29), cf. Sander et Trénel, *op. cit.*, p. 596.

< De l'espagnol *Pero*, Pierre. Avec l'indice de filiation *ez* (espagnol) ou *es* (portugais), donne *Perez* ou *Perès* : « le fils de Pierre ».

Il est très probable que la plupart des Perès et des Perez soient des Perets dont le nom a été européanisé.

Ce nom est attesté à Tunis à la fin du XVIIIe siècle. *Ketubbah* de Joseph, fils de Abraham Bellaïche, et de Reine, fille de Juda Perès, en date du 10 juillet 1788 (*Registres matrimoniaux* n° 6).

Aron Perez (m. 1766), grand-rabbin de Djerba au commencement du XVIIIe siècle, est l'auteur d'un ouvrage intitulé Bagdi Ahron *(c. à d. « Les Vêtements d'Aaron »), écrit en 1758 et publié à Livourne en 1806 par les soins de son petit-fils Maïmon Perez (D. Cazès,* Notes bibliographiques..., *pp. 279-282). Il est aussi l'auteur d'un deuxième ouvrage intitulé* Mishha Aaron *(c. à d. « L'Onction d'Aaron ») publié également à Livourne, la même année (D. Cazès,* Ibid., *pp. 283-284).*

PIMIENTA :

< De l'espagnol *pimienta*, subst. « poivre », au fig. « vif », « spirituel » (cf. R. Garcia-Pelayo, *op. cit.*, p. 729). Surnom devenu patronyme.

PINHAS, BINHAS :

< De l'hébreu פִּינְחָס *Pinhas*, nom propre biblique. Ex. : Pinhas, fils de Eléazar (*Exode* 6, 25), cf. Sander et Trénel, *op. cit.*, p. 574. Nom individuel devenu patronyme.

PINTO :

< Du nom de lieu *Pinto*, ville espagnole de Castille, province de Madrid (R. Navas, *op. cit.*, p. 1148).

Ce nom figure sur une liste de ressortissants toscans établis à Tunis en 1848 (*R. T.* 1935, pp. 116-117).

Au XIXe siècle, *ketubbah* de David, fils de Pinhas Pinto, et de Bethsabée, dénommée Adèle, fille de Emmanuel Hay Cariglio, en date du 6 décembre 1869 (*Registres matrimoniaux* n° 937).

PIPERNO :

< Du nom de lieu *Piperno*, ville italienne du Latium, province de Rome. Une communauté juive était établie dans cette ville, qui en fut chassée au XVIIe

siècle (De Felice, *op. cit.*, p. 198).

Nom attesté à Tunis à la fin du XVIIIe siècle. *Ketubbah* de Haïm, fils de Juda Piperno, et de Rachel, fille de Elie Elhaïk, en date du 21 août 1793 (*Registres matrimoniaux* n° 101).

PLATERO :
< De l'espagnol *platero*, « orfèvre », « bijoutier » (R. Navas, *op. cit.*, p. 1157). Nom de métier devenu patronyme.

Nom attesté à Tunis à la fin du XVIIIe siècle. *Ketubbah* de Abraham, fils de Joseph El-Haïk, et de Abigaïl, fille de Elie Platero, en date du 10 avril 1797 (*Registres matrimoniaux* n° 170).

PORTUGAIS, PORTOGUES :
Ethnique correspondant au Portugal, traduction de l'arabe برتقيز *burtugîz*, « portugais » (M. Beaussier, *op. cit.*, p. 41).

Nom attesté au XIXe siècle. *Kettubah* de Juda Hay, fils de Abraham El-Portogues et de Esther, fille de Moïse Aaron Pinheiro, en date du 18 avril 1856 (*Registres matrimoniaux*, n° 591).

PROCACCIA :
< De l'italien *procaccia*, subst. signifiant « commissionnaire » (P. Petrocchi, *op. cit.*, p. 610). Nom de métier devenu patronyme.

PROVENZAL :
< De l'italien *provenzale*, « provençal », « originaire de Provence » (De Felice, *op. cit.*, p. 203). Adjectif d'origine devenu patronyme.

PULLICINO :
< De l'italien *pulcino*, « poussin » (A. Petrocchi, *op. cit.*, p. 622). Surnom devenu patronyme.

R

RACCAH :
< De l'hébreu רַקָּח *raqqah*, « parfumeur » (Sander et Trénel, *op. cit.*, p. 701).
< De l'arabe رقّاع *raqqâ'*, « savetier », « raccommodeur de souliers » (M. Beaussier, *op. cit.*, p. 409) ; « raccommodeur de vêtements » (D. Cohen, *op. cit.*, t. II, p. 162).

N. B. : Il y avait dans la Hâra de Tunis une rue Er-Rakkah (pour Er-Raqqâ' ?) reliant la rue Sidi El-Hadjami et la rue des Epines (*Guide Kessis*, p. 56).

RIAHI, RIYAHI :
< De l'arabe رياح *Riyâh*, nom d'une tribu arabe qui a pris part à l'invasion de l'Ifrîqiya au XIe siècle (*La Tunisie. Histoire et description*, Paris 1896, t. I, pp. 414-417). *Riyâhî* est un ethnique dérivé de *Riyâh*. Ce nom est porté par des juifs comme par des musulmans (cf. P. Marty, *art. cit.*, p. 404).

Nessim Yarhi, ou Riahi, a succédé à Moshé Sitruk dans les fonctions de grand-rabbin de Tunisie, et les a exercées de 1927 à 1928 (A. Arrouas, Livre d'or, *Tunis, 1932, p. 189).*

RODRIGUES, RODRIGUEZ :
< De l'espagnol *Rodrigo*, prénom d'origine wisigothique. Avec l'indice de filiation *ez* (espagnol) ou *es* (portugais), a donné Rodriguez ou Rodrigues : « le fils de Rodrigue » (cf. De Felice, *op. cit.*, p. 213).

Ce nom est attesté à Tunis dans la deuxième moitié du XVIIe siècle. Des actes du Consulat de France font état d'opérations effectuées par le marchand Jacob Rodriguez (P. G., *op. cit.*, t. VII, pp. 25, 182, 318).

A la fin du XVIIIe, *ketubbah* de Samuel, fils de Isaac Rodriguez, et de Anne, fille de Abraham Baïs (Baïs = Vaïs), en date du 14 mai 1792 (*Registres matrimoniaux* n° 57).

ROSA, COHEN-ROSA :
< De l'espagnol *rosa*, « rose » (R. Navas, *op. cit.*, p. 271). Surnom devenu patronyme. Nom porté par des juifs d'origine ibérique (cf. M. Franco, *Essai sur l'histoire des israélites de l'Empire ottoman*, Paris, 1897, p. 284).

ROSSI :
< De l'italien *rosso*, pl. *rossi*, adj. « rouge », « roux ». Surnom donné à des personnes à cheveux roux, relativement rares, devenu patronyme. Le pluriel s'explique par le fait que le nom s'applique à tous les membres d'une même

famille. Ce nom avec ses nombreuses variantes est fréquent dans la péninsule italienne (cf. De Felice, *op. cit.*, p. 216-217). Nous ignorons dans quelles circonstances ce nom généralement porté par des chrétiens est devenu celui d'une famille juive.

Alfred Rossi (1908-1943). Avocat au barreau de Tunis. Militant sioniste. Pendant la deuxième guerre mondiale, a fait partie d'un groupe de résistance gaulliste et a trouvé la mort au cours d'une mission (J. Sabille, op. cit.*, p. 131 ; R. Attal,* Autographes, *p. 73).*

ROUAS, ARROUAS :
< De l'arabe رَوَّاس *ruwwâs*, « marchand de têtes de moutons grillées » (M. Beaussier, *op. cit.*, p. 373). Précédé de l'article donne *al-ruwwâs*, prononcé *ar-ruwwâs*, d'où, avec agglutination de l'article, le nom Arrouas. Nom de métier devenu patronyme.

ROUBINE : V. RUBEN.

ROUMANI, RUMANI :
< De l'italien *romano*, pl. *romani*, « romain ». Ethnique correspondant à la ville de Rome. Le nom est au pluriel parce qu'il s'applique à tous les membres d'une même famille (cf. De Felice, *op. cit.*, p. 214). Prononcé par des arabophones, le nom est devenu Roumani et Rumani.

RUBEN, RUBENS, ROUBINE, BEN RUBEN, BEN ROUBINE :
< De l'hébreu רְאוּבֵן *Ruben*, nom propre masc. Ex. Ruben, fils aîné de Jacob, et souche de la tribu de ce nom (*Gen.* 29, 32), cf. Sander et Trénel, *op. cit.*, p. 662. Précédé de l'article de filiation arabe *ben*, a donné les noms Ben-Ruben, Ben-Roubine.

Dans la Hâra de Tunis, il y avait une rue Ben-Roubine, entre la rue El-Ghariani et la rue Sidi-bou-Hadid (*Guide Kessis*, p. 78).

S

SAADA :
< De l'arabe سعادة sa'âda, subst. fém. « félicité », « bonheur » (M. Beaussier, *op. cit.*, p. 473). Nom votif devenu patronyme.

Nom attesté au début du XIXe siècle. *Ketubbah* de Khlifa, fils de Messa'ûd Sa'ada, et de Sara, fille de Meïr Lussato, en date du 24 septembre 1806 (*Registres matrimoniaux* n° 287).

SAADIA :
< De l'arabe سعدي *Sa'adi*, nom propre masc. سعدية *Sa'adiya*, nom propre fém. (M. Beaussier, *op. cit.*, p. 473). Nom individuel devenu patronyme.

Un rabbin de Tunis du nom de Saadia fut au XIVe siècle le correspondant du savant rabbin d'Alger, Shimon b. Simah Duran (cf. M. Eisenbeth, op. cit., *p. 169).*

SAADOUN, SADOUN. SADON, BEN SAADOUN :
< De l'arabe سعدون *Sa'adûn*, nom propre masc. (M. Beaussier, *op. cit.*, p. 473). Dérivé de سعد *sa'ad*, « bonheur », « chance ». Avec le suffixe *ûn* de la forme augmentative, il signifie « grand bonheur ». Précédé de l'indice de filiation *ben*, donne *Ben Sa'adûn*, « le fils de Sa'adûn ».

Ce nom est attesté à Tunis au début du XVIIe siècle. Un acte du Consulat de France, en date du 4 février 1616, fait état d'un prêt dont se porte caution Israël Ben Sadon, juif de Fez habitant à Tunis (P. G., *op. cit.*, t. III, p. 171).

Nom attesté à Tunis au XIXe siècle. *Ketubbah* de Isaac, fils de Gabriel Haï Darmon, et de Habiba, fille de Abraham Saadoun, en date du 28 mai 1873 (*Registres matrimoniaux* n° 1026).

SAAL, SAHAL :
< De l'arabe ساهل *sâhal*, adj. signifiant « facile », « commode », « complaisant » (M. Beaussier, *op. cit.*, p. 499). Surnom devenu patronyme.

SABAH, SABBAH :
< De l'arabe صبّاح *sabbâh*, adj. signifiant « qui se lève de bon matin », « matinal » (M. Beaussier, *op. cit.*, p. 556). Surnom devenu patronyme.

SABAN, SABBAN, SEBBAN :
< De l'arabe صبّان *sabbân*, subst. masc. signifiant « savonnier », « marchand ou fabricant de savon ». Nom d'agent correspondant au verbe

صبن *sabana*, « savonner » (M. Beaussier, *op. cit.*, p. 558). Nom de métier, devenu patronyme.

Nom attesté à Tunis au XIXe siècle. *Ketubbah* de Jacob, fils de Elie Sabban, et de Simha, fille de Menahem Fiorentino, en date du 19 avril 1867 (*Registres matrimoniaux* n° 856).

SACOUTO, SACUTO, ZACOUTO :

< De l'hébreu זְכוּת *zakût*, subst. fém. signifiant « pureté », « mérite », « droiture » (Sander et Trénel, *op. cit.*, p. 154). Le mot hébreu, transcrit à l'italienne, est devenu *Sacuto*.

Nom attesté à Tunis à la fin du XVIIIe siècle. *Ketubbah* de Jacob, fils de Benjamin Sacouto, et de Rachel, fille de Benjamin Boccara, en date du 25 juin 1789 (*Registres matrimoniaux* n° 19).

SADIK :

< De l'hébreu צַדִּיק *tsadiq*, adj. signifiant « juste », « charitable », « pieux » (Sander et Trénel, *op. cit.*, p. 607).

< De l'arabe صديق *saddîq* 1°. adj. signifiant « véridique », « fidèle à la parole donnée » ; 2°. nom propre masc. *Saddîk* (M. Beaussier, *op. cit.*, p. 565).

Ce nom est attesté à Tunis dans la deuxième moitié du XVIIe siècle. Des actes du Consulat de France font mention de diverses opérations (rachats d'esclaves chrétiens, achats de navires) effectuées par Isaac de Jacob Sadiq, juif de Tunis (P. G., *op. cit.*, t. VI, pp. 191, 193 et 225).

SAFAR, SAFFAR, ṢEFAR, CHAFFAR :

< De l'arabe سفار *saffâr*, subst. masc. signifiant « relieur de livres » (M. Beaussier, *op. cit.*, p. 476).

< De l'arabe صفار *ṣaffâr*, subst. masc. signifiant « chaudronnier », « étameur » (M. Beaussier, *op. cit.*, p. 571). C'est cette deuxième étymologie qui est généralement retenue.

SAGHROUN, SAGRON, ZAGHROUN, ZAGRON, ZAKROUN :

< De l'arabe صغير *saghîr*, adj. signifiant « petit ». Avec le suffixe *ûn* de la forme augmentative, devient صغرون *saghrûn*, m. à m. « le tout petit », surnom devenu patronyme.

Sagron serait le nom d'un village du Djebel Nefousa en Tripolitaine (M. Eisenbeth, *op. cit.*, p. 168). Mais nous n'avons pas trouvé confirmation de l'existence de ce toponyme (cf. J. Despois, *art. cit.*, dans *R. T.* 1933, pp. 263-284).

SAKSIK, SEKSIK, SIKSIK :

< Du nom d'un cours d'eau et d'un village, *Ksiksik*, dans le Sud maro-

cain (M. Eisenbeth, *op. cit.*, p. 174).
< De l'arabe زقزق *zaqzaqa*, verbe signifiant « bruire », « grincer » (M. Beaussier, *op. cit.*, p. 436) ?

SALA, HABABOU-SALA :
< De l'arabe صالح *sâlah*, 1°. adj. signifiant « honnête », « vertueux » ; 2°. nom propre masc. *Sâlah* (M. Beaussier, *op. cit.*, p. 576). Nom individuel devenu patronyme.

Nom attesté à Tunis au XIXe siècle. *Ketubbah* de David, fils de Joseph Sala, dénommé Hababou, et de Rachel, fille de Isaac Maarek, en date du 1er septembre 1868 (*Registres matrimoniaux* n° 892).

SALAMA : V. SLAMA.

SALFATI : V. SARFATI.

SAMAMA, SCEMAMA, SEMAMA, CHAMAMA, CHEMAMA :
< De l'arabe شمامة *shemâma*, subst. fém. « plante odoriférante » (= Rhapontic acaule, *cucurnis dudaim, odorantissimus*) (M. Beaussier, *op. cit.*, p. 539).

Ce nom est attesté à Tunis au début du XIXe siècle. *Ketubbah* de Isaac Shemama et de Rachel, fille de Daniel Lumbroso, en date du 17 mai 1803 (*Registres matrimoniaux* n° 245).

Sur une liste des maisons de commerce établies à Tunis en 1865, figure celle de J. Samama, de nationalité française (Ch. Cubisol, *op. cit.*, p. 67).

Le dénommé David Samama prend part à l'Assemblée générale de la nation française à Tunis le 3 décembre 1873 (P. Grandchamp, « Notables français à Tunis de 1577 à 1881 » dans *R. T.* 1942, p. 233).

Le rabbin Samuel Shemama qui vivait à Tunis dans la seconde moitié du XVIIIe siècle a composé un commentaire du traité cabalistique intitulé Sefer ha-qarnim *(c. à d. le « Livre des cornes ») que l'on attribue généralement à Aron de Cardena. Ce commentaire intitulé* Qeren ha-Tsevi *(c. à d. « La Corne du cerf ») a été publié a Livourne chez Naaman Saadon en 1825 (D. Cazès,* Notes bibliographiques..., *pp. 296-298).*

Le rabbin Salomon Shemama, fils de Samuel, est l'auteur d'un ouvrage intitulé Begadi Shesh *(c. à d. « Les vêtements de Sh(alomon) Sh(emama) ») qui constitue une étude des trois premières parties du* Shulhan Aroukh *de J. Karo. L'ouvrage de Salomon Shemama a été publié en 1866 à Livourne chez Elie Benamozegh et Cie (D. Cazès,* Notes bibliographiques..., *pp. 291-293).*

Un autre Salomon Shemama a laissé des commentaires sur un certain nombre de traités talmudiques, qui ont été publiés sous le titre Sheresh Ishi *(c. à d. « Les Fondements de l'homme »), après sa mort, en 1809, chez D. et S. Saadon à Livourne (D. Cazès,* Notes bibliographiques..., *pp. 287-290). Ce Salomon Shemama est le père de Nessim Shemama qui fut caïd des israélites et receveur général des finances de la Régence.*

Moïse Shemama, en collaboration avec M. Tapia et E. El-Malik, a publié en 1862 une traduction en judéo-arabe (= arabe transcrit en caractères hébraïques) du Code civil et criminel du gouvernement tunisien *(cf. E. Vassel, « La Littérature populaire... » dans* R. T. *1904, pp. 286-288).*

Me Felix Samama (1896-1969), avocat à la Cour d'appel de Tunis, a été le président de la Communauté israélite de Tunis de 1938 à 1939 et de 1943 à 1947).

SANTILLANA :

< Du nom de lieu *Santillana*, ville espagnole de Vieille Castille, dans la province de Santander (R. Navas, *op. cit.*, p. 1231).

Nom attesté à Tunis au début du XIXe siècle. *Ketubbah* de David, fils de Moïse Santillana, et de Sara, fille de David Nunes, en date du 1er janvier 1806 (*Registres matrimoniaux* n° 278).

*David Santillana (1855-1931), né à Tunis, fils de Moses Santillana. Savant arabisant et excellent juriste, versé dans la connaissance du droit musulman. Principal auteur de l'*Avant-projet de code civil et commercial, *Tunis 1899, à partir duquel a été rédigé le* Code tunisien des obligations et contrats, *promulgué en 1906. Après son établissement en Italie, il a été nommé professeur titulaire de l'université de Rome et élu membre de l'Accademia dei Lincei. Son principal ouvrage* Istituzioni di diritto malechita, *publié en 1925, a été réédité en 1940.*

SAPORTA, SAPORTAS :

< Du catalan *sasportas*, signifiant « les portes ». Nom donné à une personne résidant près des portes d'une ville (cf. le français Desportes).

Ce nom est attesté à Tunis à la fin du XVIIe siècle. Un acte du Consulat de France en date du 19 mai 1693 fait mention du marchand juif Abraham Saportas (P. G., *op. cit.*, t. VIII, p. 204).

SARAF, SARRAF, ASSARRAF :

< De l'arabe صرّاف *sarrâf*, subst. masc. signifiant « changeur de monnaie » (M. Beaussier, *op. cit.*, p. 567). Précédé de l'article, donne *al-sarrâf*, et avec assimilation du *lam* de l'article, *as-sarrâf*. Nom de métier devenu patronyme.

SARAGOSTI :

Ethnique correspondant à *Saragosse*, ville espagnole de la province du même nom, *Zaragoza* en espagnol (R. Navas, *op. cit.*, p. 1476). Originaire de Saragosse.

Les Saragosti de Tunis célébraient chaque année à la date du 18 chebat un pourim spécial appelé Pourim de Saragosse, commémorant le salut providentiel des juifs de Saragosse, qui auraient échappé de justesse au massacre qui les menaçait (M. Uzan, *Fêtes et solennités d'Israël*, Tunis 1950, p. 53).

SARANO, ENRIQUEZ-SARANO :
< De l'espagnol *serrano*, adj. signifiant « montagnard » (R. Navas, *op. cit.*, p. 1307). Adjectif d'origine devenu patronyme.

SARFATI, SALFATI :
< De l'hébreu צָרְפַת *Tsarfat*, nom d'une ville de Phénicie, par lequel on a désigné la Gaule, puis la France (Sander et Trénel, *op. cit.*, p. 627). Ethnique en *ya*, signifiant « originaire de France ».

Nom attesté à Tunis dans la deuxième moitié du XVIIe siècle. Un acte du Consulat de France, en date du 20 janvier 1676, fait mention de Joseph Sarfati, juif de Tunis (P. G., *op. cit.*, t. VII, p. 274).

Au début du XIXe siècle, *ketubbah* de Salomon, fils de Isaac Pavoncello, et de Vittoria, fille de Moïse Aaron Sarfati, en date du 23 février 1804 (*Registres matrimoniaux* n° 256).

Simah Sarfati, né à Tunis, mort à Jérusalem en 1717, a exercé les fonctions de Ab Beth-Din, *président du Tribunal rabbinique de Tunis. Il a pris une part importante au renouveau des études talmudiques dans la capitale de la Régence, en laissant le souvenir d'un savant éminent et d'une haute conscience (D. Cazès,* Notes bibliographiques..., *passim ; R. Arditti, « Epitaphes rabbiniques... » dans* R. T. *1931, p. 106).*

Haï Sarfati fut l'un des pionniers de la littérature judéo-arabe tunisienne. Il eut l'idée de transcrire en caractères hébraïques les histoires que racontait chaque soir un conteur arabe dans un café de la ville, puis d'en multiplier les exemplaires, en recourant à des copistes, pour les louer à ceux qui voulaient les lire. Il créa ainsi une sorte de « cabinet de lecture à l'ancienne ». Le succès obtenu par ses contes manuscrits l'incita alors à les faire imprimer sur les presses de l'imprimerie Uzan et Castro, contribuant ainsi à l'essor que prit la littérature judéo-arabe dans les dernières années du XIXe siècle (cf. E. Vassel, La Littérature populaire... *dans* R. T. *1904, pp. 371-373).*

SASSI :
< De l'arabe ساسي *sâssî*, 1°. subst. masc. signifiant « mendiant » ; 2°. nom propre masc., dont le sens serait : « qui implore la miséricorde de Dieu » (M. Beaussier, *op. cit.*, p. 453). Nom individuel devenu patronyme.

SASSON, BEN-SASSON :
< De l'hébreu שָׂשׂוֹן *sasson*, subst. masc. signifiant « joie », « allégresse » (Sander et Trénel, *op. cit.*, p. 720). Nom votif. Avec l'indice de filiation arabe *ben* donne *Ben-Sasson*, « le fils de Sasson » ou « le fils de la joie ».

SAÜL :
< De l'hébreu שָׁאוּל *Shaül* (« demandé »), nom propre masc. Ex. Saül, le premier roi d'Israël (I *Sam* 9, 2), cf. Sander et Trénel, *op. cit.*, p. 721. Nom individuel devenu patronyme.

SAYADA :
< De l'arabe سيادة *sayâda*, subst. fém. signifiant « pouvoir », « autorité » (M. Beaussier, *op. cit.*, p. 501). Surnom donné à un personnage important, devenu patronyme.

SAYAG, ESSAYAG :
< De l'arabe صيّاغ *sayyâgh*, subst. masc. signifiant « orfèvre », « bijoutier » (M. Beaussier, *op. cit.*, p. 584). Précédé de l'article, donne *al-sayyâgh*, ou avec l'assimilation du *lam*, *as-sayyâgh*. Nom de métier devenu patronyme.

Nom attesté à Tunis au XIXe siècle. *Ketubbah* de Moïse, fils de Hay Assayag, et de Mazel Tob, fille de David ben Attia, en date du 8 novembre 1848 (*Registres matrimoniaux II*, n° 21).

SBERRO :
< De l'arabe زبّار *zabbâr*, subst. masc. signifiant « élagueur », « tailleur de vigne » (M. Beaussier, *op. cit.*, p. 425).
< De l'arabe الزبير *al-Zobayr*, nom propre masc. (M. Beaussier, *op. cit.*, p. 425).

Quelle que soit son étymologie, le nom primitif a dû être italianisé. On rencontre un Sberro parmi les chefs de famille juifs à Livourne, lors du recensement de 1841 (L. Lévy, *op. cit.*, p. 326).

Ce nom est attesté à Tunis au XIXe siècle. *Ketubbah* de Yeshou'a, fils de Moïse Ezberro, et de Esther, fille de Abraham, Hay Costa, en date du 13 octobre 1856 (*Registres matrimoniaux* n° 609).

Un Sberro figure sur une liste de ressortissants toscans établis à Tunis en 1848 (cf. *R. T.* 1935, pp. 116-117).

SCALI, COHEN-SCALI :
Ethnique correspondant à صقلية *Sqalliyya*, nom arabe de la Sicile. *Sqallî* ou *Sqollî* : originaire de la Sicile, Sicilien.

SCEMAMA : V. SAMAMA.

SCEMLA : V. CHEMLA.

SCETBON : V. SETBON.

SCIALOM : V. CHALOM.

SDIKA :
< De l'hébreu צְדָקָה *tsedaqa*, subst. fém. signifiant « justice », « charité », « vertu » (Sander et Trénel, *op. cit.*, p. 608). Surnom individuel devenu patronyme.

SEBAG, SEBAGH, SEBBAGH :
< De l'arabe صَبَّاغ *sabbâgh*, subst. masc. signifiant « teinturier » (M. Beaussier, *op. cit.*, p. 558). Nom de métier devenu patronyme.

Ce nom est attesté à Tunis au début du XIXe siècle. *Ketubbah* de Joseph, fils de Jacob, Haï Shebokh (Shebokh = Sabbâgh), et de Reine, fille de Mauliah de Signia (De Signia = Disegni), en date du 29 octobre 1800 (*Registres matrimoniaux* n° 211).

SEBBAN : V. SABBAN.

SEBAOUN :
< De l'arabe سابع *sâba'a*, adj. signifiant « septième » (M. Beaussier, *op. cit.*, p. 456), qui avec la terminaison *ûn* de la forme augmentative donne سابعون *sâba'ûn*. Nom donné à un septième enfant, devenu patronyme.
< De l'hébreu צִבְעוֹן *Sebéon*, nom propre masc. (*Gén.* 36, 20), cf. Sander et Trénel, *op. cit.*, p. 606. Nom individuel devenu patronyme.

SEBOUK :
Nom d'origine obscure. S'agit-il d'une déformation de *Sabbâgh* ?
Nom attesté à Tunis au XIXe siècle. *Ketubbah* de Joseph, fils de David Baruch, et de Luna, fille de Joseph Sebouk, en date du 15 octobre 1845 (*Registres matrimoniaux II*, n° 67).

SEDBON : V. SETBON.

SEFAR : V. SAFAR.

SEGNI, DI SEGNI, DISEGNI :
< Du nom de lieu *Segni*, ville italienne du Latium. Une ancienne communauté juive y était établie, qui en fut chassée au XVIIe siècle (De Felice, *op. cit.*, p. 230). Précédé de la préposition *di*, a donné *Di Segni* ou *Disegni* (en un seul mot), c. à d. originaire de Segni.

Nom attesté à Tunis à la fin du XVIIIe siècle. *Ketubbah* de Joseph Haï, fils de Moïse Medina, et de Perla, fille de Benjamin de Signia (De Signia = Di Segni), en date du 1er avril 1795 (*Registres matrimoniaux* n° 125).

SEKNAZI, SEKNAJI : V. ASKENAZI.

SEKSIK : V. SAKSIK.

SELLAM, SILLAM :
< De l'arabe سلّام *Sellâm*, nom propre masc., dérivé de سلم *salm*, signifiant « paix » (M. Beaussier, *op. cit.*, p. 489). Nom individuel devenu patronyme.

SEMAH, SIMAH :
< De l'hébreu צֶמַח *tsemah*, 1°. « plante », « rejeton », « germe » ; 2°. nom propre masc. *Semah* (Sander et Trénel, *op. cit.*, p. 619). Nom individuel devenu patronyme.

Ce nom est attesté à Tunis à la fin du XVIIIe siècle. *Ketubbah* de Samuel Haïm, fils de Jacob Darmon, et de Simha, fille de Salomon Semah, en date du 6 juillet 1791 (*Registres matrimoniaux* n° 61).

SENIOUR, BEN SENIOUR :
< De l'espagnol *señor*, « seigneur » (R. Navas, *op. cit.*, p. 1303). Avec l'indice de filiation arabe *ben* donne le nom *Ben-Seniour* : « le fils du seigneur ».

Il existait à Tunis une rue Ben-Seniour reliant la rue Bab el-Khadra et la rue Alexandre-Dumas (*Guide Kessis* p. 74).

SENOUF :
< De l'arabe سنوف *sanûf*, « boucle d'oreille » (M. Eisenbeth, *op. cit.*, p. 173). Mais nous n'avons pas retrouvé ce mot dans le dictionnaire de M. Beaussier.

N. B. : « Boucles d'oreilles » se traduit généralement par *blâlet* (cf. M. Beaussier, *op. cit.*, p. 72).

Nom attesté à Tunis à la fin du XVIIIe siècle. *Ketubbah* de Moïse, fils de Moïse Enriquès, et d'Esther, fille de Mardochée Senouf, en date du 26 janvier 1796 (*Registres matrimoniaux* n° 133).

SEROR :
< De l'hébreu צְרֹר et צְרוֹר *tseror*, 1°. subst. masc. signifiant « bouquet » (Sander et Trénel, *op. cit.*, p. 627) ; 2°. nom propre masc. *Seror*. Ex. Seror, fils de Bekhorat (I *Sam.* 9, 1), cf. Ouaknin et Rotnemer, *op. cit.*, p. 363. Nom individuel devenu patronyme.

SEROUR, SROUR :
< De l'arabe سرور *sarûr*, subst. masc. signifiant « joie », « allégresse »,

« jubilation » (M. Beaussier, *op. cit.*, p. 467). Nom votif devenu patronyme.

SEROUSSI, SROUSSI :
Nom d'origine obscure.
Ethnique correspondant au nom de lieu *Serous*, village du Djebel Nefousa, en Tripolitaine (M. Eisenbeth, *op. cit.*, p. 173). Mais nous n'avons pas trouvé confirmation de l'existence de ce toponyme (cf. J. Despois, *art. cit.* dans *R. T.* 1933, p. 263-284).

SERVADIO :
< De l'italien *servadio*, signifiant « serviteur de Dieu », ce qui est la traduction exacte de l'hébreu עֹבַדְיָה *'Obadiyah* (Sander et Trénel, *op. cit.*, p. 502).

Ce nom est attesté à Tunis au début du XIXe siècle. Léon Servadio est témoin au mariage de Juda Abdias et de Esther, fille de Abraham Nunez, en date du 30 août 1808 (*Registres matrimoniaux* n° 313).

Un Servadio figure sur une liste des ressortissants toscans établis à Tunis en 1848 (cf. *R. T.* 1935, pp. 116-117).

SETBON, SITBON, SEDBON, SIDBON, SCETBON, CHETBOUN, CHITBOUN, CHITEBOUN :
< De l'arabe شطبون *shatbûn*, subst. masc., signifiant « bûcheron » (M. Eisenbeth, *op. cit.*, p. 113). Mais nous n'avons retrouvé ce mot dans aucun dictionnaire.
< De l'arabe شطّاب *shattâb*, signifiant « ramasseur de brindilles ou de broussailles » (M. Beaussier, *op. cit.*, p. 526), avec le suffixe *ûn* de la forme augmentative. Nom de métier devenu patronyme.

Ce nom est attesté à Tunis dans la deuxième moitié du XVIIe siècle. Un acte du Consulat de France en date du 17 octobre 1653, fait état d'un juif de Tunis dénommé David Sidboun (P. G., *op. cit.*, t. VI, p. 67).

Lors de son passage à Bizerte, au cours de l'année 1773, le rabbin-missionnaire H. Y. D. Azoulay est l'hôte d'un riche marchand de cette ville, dénommé Samuel Sedbon (H. Y. D. Azoulay, *Ma'agal Tov*, cité par H. Z. Hirschberg, *op. cit.*, t. II, p. 104).

Au début du XIXe siècle, *ketubbah* de Benjamin, fils de Samuel Sedbon, et de Simha, fille de Yohanan Finzi, en date du 1er novembre 1819 (*Registres matrimoniaux* n° 460).

Dans la deuxième moitié du XVIIIe siècle vivait à Tunis le rabbin Joseph Sedbon. Il est l'auteur d'un commentaire cabalistique intitulé Ahavath ha-Shem *(c. à d. « L'amour du Nom »). Cet ouvrage achevé en 1778 a été imprimé à Livourne en 1871 par les soins et aux frais de quelques personnes pieuses de Tunis (D. Cazès,* Notes bibliographiques..., *pp. 302-306).*

SETRUK, SETRUCK : V. SITRUK.

SFEZ :

< Du nom de lieu *Sfaj*, village du Djebel Nefousa en Tripolitaine (M. Eisenbeth, *op. cit.*, p. 174). Mais nous n'avons pas trouvé confirmation de l'existence de ce toponyme (cf. J. Despois, *art. cit.* dans *R. T.* 1933, p. 263-284).

< De l'arabe سفّاج *saffâj*, subst. masc. signifiant « marchand de beignets » (M. Beaussier, *op. cit.*, p. 475). C'est l'étymologie retenue par M. Laredo, *op. cit.*, n° 235.

Ce nom est attesté à Tunis au XIXe siècle. *Ketubbah* de Elie, fils de Isaac Namias, et de Hafsia, fille de Isaac Sfez, en date du 25 mars 1855 (*Registres matrimoniaux* n° 649).

Abraham Sfez, né à Tunis, mort à Amsterdam en 1784, a laissé un ouvrage intitulé : 'Ayni Abraham *(c. à d. « Les Yeux d'Abraham »), imprimé à Amsterdam l'année de sa mort (D. Cazès,* Notes bibliographiques..., *pp. 299-301).*

Samuel Sfez (m. 1867) a exercé les fonctions de grand-rabbin de la communauté tunisienne de Tunis de 1864 à 1867 (R. Arditti, « Les Epitaphes rabbiniques... » dans R. T. *1932, pp. 105-106).*

Au cours de l'année 1857, le dénommé Batou Sfez, cocher de son état, pris de boisson, se serait permis de maudire la religion du Prophète. Sa condamnation à mort, suivie de son exécution, devait amener les Grandes Puissances de l'époque à intervenir auprès du Bey de Tunis pour qu'il procédât a des réformes (cf. A. Raymond, « Le problème de la réforme à Tunis (1855-1857) » dans Mélanges Ch. A. Julien, *Paris 1965, pp. 137-154).*

SHEBABO :

< De l'arabe شباب *shabâb*, adj. « beau », « joli », subst. « joli garçon », « bel homme » (M. Beaussier, *op. cit.*, p. 509).

SIERRA :

< De l'espagnol *sierra*, subst. fém. signifiant « montagne » ou *Sierra*, ville espagnole de la province de Malaga (R. Navas, *op. cit.*, p. 1312).

SILLAM : V. SELLAM.

SILVERA :

< Du nom de lieu *Silveira*, ville du Portugal, dans la province d'Estrémadure, près de Torres-Vedras (M. Eisenbeth, *op. cit.*, p. 175).

Ce nom est attesté à Tunis à la fin du XVIIe siècle. Un acte du Consulat de France, en date du 1er mai 1686, fait mention de Abraham et Salomon Silvera, l'un et l'autre membres de la « nation juive livournaise » (P. G., *op. cit.*, t. VIII, pp. 59-60).

Au XIXe siècle, *ketubbah* de Isaac, fils de Salomon Silvera, et de Khomsa (?), fille de Salomon Toubiana, en date du 19 août 1808 (*Registres matrimoniaux* n° 311).

SIMAH : V. SEMAH.

SIMEON, SIMON, BEN SIMEON, BENSIMON :
< De l'hébreu שִׁמְעוֹן *Shimèon* (« être exaucé »), nom propre masc. Ex. Siméon, deuxième fils de Jacob (*Gen.* 29, 33), cf. Sander et Trénel, *op. cit.*, p. 760. Avec l'indice de filiation arabe *ben*, donne *Ben-Shimeon*, « le fils de Simeon ».

Nom attesté à Tunis à la fin du XVIIIe siècle. *Ketubbah* de Joseph, fils de Moïse El-Haïk, et de Léa, fille de Samuel b. Simeon, en date du 17 avril 1791 (*Registres matrimoniaux* n° 55).

SINIGAGLIA :
< Du nom de lieu *Senigallia*, ville italienne, située dans les Marches, au nord d'Ancône. Il y avait là une communauté juive, qui fut dispersée au XVIe siècle (De Felice, *op. cit.*, p. 231).

SION, BEN SION :
< De l'hébreu צִיּוֹן *Tsion*, 1°. nom de la colline sur laquelle Jérusalem a été bâtie (Sander et Trénel, *op. cit.*, p. 614) ; 2°. nom propre masc. *Sion*. Avec l'indice de filiation arabe *ben*, donne *Ben-Sion* : « le fils de Sion ».

SITBON : V. SETBON.

SITRUK, SITRUCK, SETRUK, SETRUCK :
< Du nom de lieu *Sitrouk*, village du Djebel Nefousa, en Tripolitaine (M. Eisenbeth, *op. cit.*, p. 178). Mais nous n'avons pas trouvé confirmation de l'existence de ce toponyme (cf. J. Despois, *art. cit.* dans *R. T.* 1933, p. 263-284).
< Du vieux provençal *astruc*, « étoile », du bas-latin *astrugus*, pris dans le sens de « qui est né sous une bonne étoile », « chanceux » (Simon Seror, *Les Noms des juifs de France au Moyen Age*, Paris 1989, p. 18). *Astruc* a donné *Sitruk* par aphérèse.

Ce nom est attesté à Tunis à la fin du XVIIIe siècle. *Ketubbah* de Yehiel, fils de Aaron Ha-Cohen, et de Esther, fille de Abraham Setroug, en date du 2 juillet 1789 (*Registres matrimoniaux* n° 20).

Moshe Sitruk (1846-1927) a succédé à Israël Zeïtoun dans les fonctions de grand-rabbin de Tunisie, et il les a exercées de 1922 à 1927. Il est l'auteur d'un ouvrage sur les règles de l'abattage rituel intitulé Shebet Ahim, *publié à Tunis peu après sa mort.*

Haï Sitruk a pris une part importante au développement de la presse et de la littérature judéo-arabes en Tunisie. En ayant collaboré à divers journaux, il a traduit et publié en feuilleton puis en volumes Les Mystères de Paris *d'E. Sue et* Robinson Crusoë *de D. Defoé (D. Hagège,* Littérature judéo-arabe tunisienne, *Sousse 1939, pp. 25-26).*

SLAKMON, SLAKMOUN :

Nom d'origine obscure.

< Du berbère *sellak,* « sauveur » et de *iman,* « soi-même » (J.-M. Dallet, *Dictionnaire kabyle-français,* Selaf, Paris, 1982, pp. 773 et 503), pourrait signifier « qui se sauve lui-même », « qui se tire d'affaire tout seul ». Il s'agirait d'un surnom dicté par un trait de caractère.

Nom attesté à Tunis au XIXe siècle. *Ketubbah* de Gabriel, fils de Abraham Mendoza, et de Rachel, fille de Mardochée Slakmon, en date du 3 avril 1844 (*Registres matrimoniaux II,* n° 31).

SLAMA, SALAMA :

< De l'arabe سلامة *salâma,* subst. fém. signifiant « paix », « salut » (M. Beaussier, *op. cit.*, p. 489). C'est l'équivalent exact de l'hébreu *shalom,* « paix », « salut ». Nom votif devenu patronyme.

Nom attesté à Tunis au XIXe siècle. *Ketubbah* de Jacob, fils de Moïse Daïan, et de Sultana, fille de Isaac Slama, en date du 19 août 1868 (*Registres matrimoniaux* n° 888).

Le rabbin Yaqûb Slama, né à Tunis au début du XVIIIe siècle, s'est formé dans la yeshiva *du savant talmudiste Raphaël El-Fassi, dont il est devenu le collègue après en avoir été le disciple. Venu s'installer à Nabeul, il n'a pas tardé à y jouir d'une grande considération en raison de son savoir et de sa piété, et on lui a prêté un pouvoir d'intercession auprès du Très-Haut. Après sa mort, survenue en 5534/1774, il est devenu l'objet d'un culte populaire et nombreux étaient ceux qui venaient prier sur sa tombe, pour obtenir la réalisation de leurs vœux. Au cours de l'année 1934, un notable de Nabeul, Mardochée Karila, a pris l'initiative de faire construire un mausolée au-dessus de la sépulture du rabbin, et il en a fait don à la communauté israélite de Nabeul, en l'invitant à organiser chaque année, le dimanche suivant la fête de* Shabbu'ot, *la Pentecôte juive, un pèlerinage sur la tombe du saint nabeulien. Depuis cette date, et jusque dans les dernières années du Protectorat, le pèlerinage à la mémoire de Yaqûb Slama attirait de nombreux fidèles (*Annuaire israélite de Tunisie *1948, pp. 88-90).*

SMADJA, SMAJA, SMAGGIA :

< De l'arabe سمجة *smaja,* qui se rattache à la racine سمج *samaja,* signifiant « s'altérer », « rancir » (M. Beaussier, *op. cit.*, p. 491). On pourrait le traduire par « aigre-doux » et serait l'équivalent de « mi-figue, mi-raisin » (M. Eisenbeth, *op. cit.*, p. 176). Surnom devenu patronyme ?

Nom attesté à Tunis à la fin du XIXe siècle. *Ketubbah* de David, fils de Jacob Ben

Arous, et de Myriam, fille de Elie Smaja, en date du 9 octobre 1870 (*Registres matrimoniaux* n° 972).

Mardochée Smaja (m. 1900) a succédé à Eliaou Borgel dans les fonctions de grand-rabbin de Tunisie et les a exercées de 1898 à 1900 (P. S., Histoire..., *p. 177, n. 110).*

Mardochée Smaja (1864-1923), petit-fils du précédent, publiciste. Il s'est fait le champion des premières revendications des Israélites de Tunisie, au début du XXe siècle. Il les a présentées dans un opuscule intitulé : De l'extension de la juridiction et de la nationalité françaises en Tunisie, *Tunis 1905). Il les a aussi défendues dans le journal* La Justice, *qu'il a fondé et dont il a assuré la publication de 1907 à 1914. Sur sa vie et son œuvre, v. Annie Goldmann,* Les Filles de Mardochée, *Paris 1979).*

SMIA :

< De l'arabe سمية *smiya*, subst. fém. signifiant « renommée » (D. Cohen, *Le Parler arabe...*, t. II, p. 160).

SMILA :

< De l'hébreu שְׁמוּאֵל *Shamuel* (« Dieu a exaucé »), nom propre masc. Ex. : Samuel, juge et prophète (I *Sam.* 1, 20), cf. Sander et Trénel, *op. cit.*, p. 757. *Smila* est sans doute comme Chmila un diminutif de Samuel.

SOLAL, COHEN-SOLAL :

< De l'hébreu שׁוֹלָל *sholal*, « dépouillé de vêtements » (Sander et Trénel, *op. cit.*, p. 736). A pu signifier « sans fortune », « miséreux », « va-nu-pieds ». Surnom devenu patronyme.

Nom attesté à Tunis au XIXe siècle. *Ketubbah* de Nathan, fils de Abraham Ha-Cohen-Solal, et de Rachel, fille de Hillel Haïm Boccara, en date du 16 juin 1869 (*Registres matrimoniaux* n° 925).

Le dénommé Saül Solal prend part à l'Assemblée générale de la nation française de Tunis, le 31 décembre 1849 (P. G., « Notables français... », dans *R. T.* 1942, p. 229).

Sur une liste de maisons de commerce établies à Tunis en 1865, figure celle de M. Solal, de nationalité française (Ch. Cubisol, *op. cit.*, p. 67).

SOLAS :

< Du nom de lieu *Solas*, ville espagnole de la province de Burgos (R. Navas, *op. cit.*, p. 1324).

Nom attesté à Tunis à la fin du XVIIIe siècle. *Ketubbah* de Isaac, fils de David Solas, et de Rachel, fille de Joseph Franco, en date du 3 avril 1795 (*Registres matrimoniaux* n° 124).

SONNINO :

< Du nom de lieu *Sonnino*, ville italienne du Latium, dans la province de

Rome. Une communauté juive y était établie, qui fut dispersée aux XVIe et XVIIe siècles (De Felice, *op. cit.*, p. 298).

Nom attesté à Tunis au XIXe siècle. *Ketubbah* de David, fils de Abraham Sonino, et de Shelbia, fille de Moïse Sarfati, en date du 8 avril 1857 (*Registres matrimoniaux*, n° 621).

SONSINO :

< Du nom de lieu *Soncino*, ou *Sonzino*, ville italienne de Lombardie, dans la province de Crémone. Une communauté juive y était établie au Moyen Age (De Felice, *op. cit.*, p. 238).

Nom attesté à Tunis à la fin du XVIIIe siècle. *Ketubbah* de Benjamin, fils de Jacob, fils de Isaac Tapia, et de Sara, fille de Salomon Halévy Sonsino, en date du 17 avril 1799 (*Registres matrimoniaux* n° 195).

Sur une liste des maisons de commerce établies à Tunis en 1865, figure celle de M. L. Soncino, de nationalité anglaise (Ch. Cubisol, *op. cit.*, p. 67).

SORIA :

< Du nom de lieu *Soria*, ville espagnole de Vieille-Castille, capitale de la province de Soria (R. Navas, *op. cit.*, p. 1329).

Nom attesté à Tunis au début du XVIIIe siècle. Des actes du Consulat de France font mention du marchand juif Moïse de Soria (P. G., *op. cit.*, t. X, pp. 23, 39, 50, 189).

A la fin du XVIIIe siècle, *ketubbah* de Haïm, fils de Isaac Soria, et de Simha, fille de Gabriel Valensi, en date du 24 novembre 1789 (*Registres matrimoniaux* n° 29).

SOUFFAN : V. CHOUFFAN.

SOUFIR, SOUFFIR :

< De l'hébreu סֹפֵר , *sofer* subst. masc. signifiant « scribe », « écrivain », « secrétaire » (Sander et Trénel, *op. cit.*, p. 496). D'où le judéo-arabe *sûfîr*, signifiant « notaire de la juridiction rabbinique » (D. Cohen, *Le Parler arabe...*, t. II, p. 167). Nom de profession devenu patronyme.

SOUSSAN, BEN SOUSSAN, SUSSAN, BEN SUSSAN :

< De l'hébreu שׁוּשַׁן *shushân*, « lys » (Sander et Trénel, *op. cit.*, p. 738).
< De l'arabe سوسان *sûssân*, « lys » (M. Beaussier, *op. cit.*, p. 502).
Précédé de l'indice de filiation arabe *ben*, donne *Ben-Soussan* ou *Ben-Sussan* : « le fils de Soussan ».

SPINOZA, ESPINOZA :

< Du nom de lieu *Espinoza de los Monteros*, ville espagnole de Vieille Castille, dans la province de Burgos (R. Navas, *op. cit.*, p. 620). Il existe d'autres

localités homonymes dans d'autres régions : ce toponyme correspond à un fourré de plantes épineuses.

Ce nom est attesté à Tunis au début du XVIIe siècle. Des actes du Consulat de France font état de diverses opérations effectuées par le nommé Spinoza Pinto, juif de Tunis (P. G., *op. cit.*, t. III, pp. 89, 139, 140, 162, 163, 164, 166, 188). Un Abraham de Jacob Espinoza figure parmi les membres de la « nation juive livournaise » de Tunis à la date du 1er mai 1686 (P. G., *op. cit.*, t. VIII, pp. 59-60).

Au XVIIIe siècle, *ketubbah* de Elie, fils de Isaac Espinoza, et de Esther, fille de Messaoud Finzi, en date du 17 juillet 1788 (*Registres matrimoniaux* n° 8).

Il existait à Tunis une synagogue privée au nom de Spinoza, située dans la rue Zarkoun, impasse Hanachi.

SPIZZICHINO :

< De l'italien *spizzichino*, subst. masc. signifiant « brocanteur », « regrattier » (N. B. : ce mot ne se trouve pas dans le dictionnaire de A. Garzanti). Nom de métier devenu patronyme.

Nom attesté à Tunis au XIXe siècle. *Ketubbah* de Abraham, fils de Moïse Darmon, et de Ottavia, fille de David Spizzichino, en date du 15 juin 1859 (*Registres matrimoniaux* n° 691).

SRAÏKI :

< De l'arabe شرقي *sharqî*, adjectif relatif dérivé de شرق *sharq*, signifiant « oriental » (M. Beaussier, *op. cit.*, p. 523). A *sharqî* correspond le diminutif *shrayqî* (*srayqî* dans le parler des juifs de Tunis), signifiant « petit oriental ». Adjectif d'origine devenu patronyme.

STAMBOULI :

Ethnique correspondant à la ville de اسطنبول *Istanbûl*, Constantinople, originaire de Istanbûl, Stanbouliote. Nom porté par des juifs comme par des musulmans.

STEINITZ :

< De l'allemand *Stein*, « pierre ». Le suffixe *itz* en fait un adjectif signifiant « de pierre », « pierreux ». Nom introduit en Tunisie par des juifs réfugiés allemands, dans les années trente.

STIOUI :

< De l'arabe شتوي *shatwî*, signifiant « hivernal », « né en hiver » (M. Beaussier, *op. cit.*, p. 514), d'où le diminutif شتيوي *shtîwî*, que l'on peut traduire par « petit hivernal » ; des musulmans portent ce nom (P. Marty, *art. cit.*, p. 393). Avec la substitution d'un *sîn* au *shîn*, *Shtîwî*

se transforme en *Stîwî* dans le parler des juifs de Tunis. L'appellation affectueuse donnée à un enfant né en hiver est devenue un patronyme.

STORA :
< Du nom de lieu *Stora*, ville côtière d'Algérie, au nord-ouest de Philippeville, aujourd'hui Skikda (*Guide bleu Algérie-Tunisie* 1950, p. 300).

STRAUSS :
< De l'allemand *Strauss*, subst. masc. signifiant « bouquet d'arbres » (*Dict. allemand-français*, p. 288). Nom donné à une personne dont la maison se trouvait près d'un bouquet d'arbres (cf. A. Dauzat, *op. cit.*, p. 558).

STROLOGO, DELLO STROLOGO, ASTROLOGO :
< De l'italien *strologo*, pour *astrologo*, « astrologue ». Nom de profession devenu patronyme, mais pourrait être aussi un sobriquet donné à un devin ou à un charlatan (De Felice, *op. cit.*, p. 242). Précédé de la préposition articulée *dello*, donne *Dello Strologo*, c. à d. « le fils de l'astrologue ».

Un Dello Strologo figure sur une liste de ressortissants toscans établis à Tunis en 1848 (cf. *R. T.* 1935, pp. 116-117).

Au XIXe siècle, *ketubbah* de Eliezer, fils de Abraham Astrologo, et de Luna, fille de Elie Guez, en date du 24 juin 1868 (*Registres matrimoniaux* n° 884).

STRUGO :
< De l'espagnol *estrugo*, avatar du bas-latin *astrugus*, signifiant « étoile », pris dans le sens de « né sous une bonne étoile », « chanceux » (S. Seror, *Les Noms des juifs de France au Moyen Age*, Paris 1989, pp. 16-18). *Estrugo* a donné *Strugo* par aphérèse.

N. B. : Ce nom était porté à Tunis par un instituteur de l'Alliance israélite, originaire de Smyrne.

SUARES, SUAREZ :
< Du nom de lieu *Suarez*, ville espagnole de la province d'Oviedo (R. Navas, *op. cit.*, p. 1332).

Ce nom est attesté à Tunis dans la deuxième moitié du XVIIe siècle. Un acte du Consulat de France en date du 21 janvier 1653 fait état d'un marchand juif de Tunis, dénommé Abraham Suarez (P. G., *op. cit.*, t. VI, p. 47). Le dénommé Jacob Suarez figure parmi les membres de la « nation juive livournaise » de Tunis à la date du 1er mai 1686 (P. G., *op. cit.*, t. VIII, pp. 59-60).

A la fin du XVIIIe siècle, *ketubbah* de Isaac, fils de David Sarbia, et de Simha, fille de David Suares, en date du 22 septembre 1790 (*Registres matrimoniaux* n° 44).

SUID, SUIED, SUIÈTE : V. ASSUIED.

SULEMA :
< De l'hébreu שָׁלוֹם *shalom*, « paix », « salut » (Sander et Trénel, *op. cit.*, p. 749), sous une forme italianisée.

Ce nom est attesté à Tunis au début du XVIIe siècle. Des actes du Consulat de France font état de diverses opérations (prêts à la grosse aventure, exportations de marchandises) effectuées par Jacob Sulema, juif de Tunis (P. G., *op. cit.*, t. III, pp. 163 sqq.).

Pompeo Sulema, carbonaro livournais qui, vers 1840, a émigré en Tunisie, avec sa sœur Esther, a fondé à Tunis la première école moderne (E. Michel, Esuli italiani in Tunisia (1815-1868), *Milan 1941, p. 80).*

SULTAN :
< De l'arabe سلطان *sultân*, 1°. subst. « sultan » ; 2°. nom propre masc. *Sultan* (M. Beaussier, *op. cit.*, p. 485). Nom individuel devenu patronyme.

SUSSAN : V. SOUSSAN.

SZEKELY :
< Du nom de lieu *Szekely*, ville hongroise de Transylvanie. Nom introduit en Tunisie par un juif d'origine hongroise.

T

TAGIURI, TAJOURI :

Ethnique correspondant à la ville libyenne de *Tâjûra* (Tagiura des cartes italiennes), située à 17 km à l'est de Tripoli (*Guide bleu Algérie-Tunisie* 1927, p. 465 et carte p. 468). *Tajouri* = originaire de Tajoura.

TAHAR :

< De l'arabe طاهر *Tâhar*, 1°. adj. « pur » ; 2°. nom propre masc. (M. Beaussier, *op. cit.*, p. 616). Nom porté par des juifs comme par des musulmans.

Joseph Tahar (1877-1943) a été le directeur des Ecoles de l'Alliance Israélite en Tunisie de 1934 à 1943.

TAIEB, TAYEB :

< De l'arabe طيّب *tayyeb*, 1°. adj. « bon » ; 2°. nom propre masc. *Tayyeb* (M. Beaussier, *op. cit.*, p. 620-621).Nom porté par des juifs comme par des musulmans.

Nom attesté à Tunis au XIXe siècle. *Ketubbah* de Joseph, fils de Moïse Cardozo, et de Ghezala, fille de Raphaël Taïeb, en date du 13 juillet 1853 (*Registres matrimoniaux* n° 532).

Abraham Taïeb (m. 1741), surnommé Bâbâ Sîdî, a succédé à Simah Sarfati, dans les fonctions de Ab Beth Dîn, *Président du Tribunal rabbinique de Tunis, et les a exercées de 1707 à 1741. Il a pris une part active à l'établissement de la convention réglant les rapports entre la communauté tunisienne et la communauté livournaise de la capitale (D. Cazès,* Notes bibliographiques..., *p. 307 ; R. Arditti, « Les Epitaphes rabbiniques... » dans* R. T. *1931, pp. 108-109).*

Isaac Taïeb (m. 1830) a succédé à R. Eliahu Borgel I dans les fonctions de grand-rabbin de la communauté tunisienne et les a exercées de 1798 à 1830. Il est l'auteur d'un important ouvrage intitulé Erekh ha-Shulhân *(c. à d. « Le Dresser de la table »). Il a été publié pour une part à Livourne (1791, 1798, et 1844) et pour une part à Tunis (1890 et 1891) (D. Cazès,* Notes bibliographiques..., *pp. 311-316).*

Haï Taïeb (m. 1837), surnommé Lo-met *(c. à d. « il n'est pas mort »), a écrit d'importants commentaires de traités du Talmud, en grande partie détruits. Ce qui subsistait de son œuvre a été publié après sa mort sous le titre* Haleb hitim *(c. à d. « la fine fleur de blé »), à Tunis en 1891. Sur ce rabbin mort en odeur de sainteté, v. R. Arditti, « Un rabbin tunisien au XVIIIe siècle. Rabbi Haï Taïeb » dans* Revue Tunisienne *1904, pp. 489-494. Sa tombe dans le vieux cimetière israélite de Tunis faisait l'objet de visites pieuses (cf. P. S.,* La Hâra de Tunis, *Paris 1959, pp. 78-80).*

TAJI, BISMUTH-TAJI :
Ethnique correspondant à la ville de تازة *Tâza*, ville marocaine située à l'est de Fez (*Guide bleu Maroc* 1970, p. 399). *Tâzî* = originaire de Tâza. Altéré en Tâjî, suite à la substitution d'un *jim* à un *zayn*.

TAKTOUL :
Nom d'origine obscure.
< De l'arabe قتل *qatala*, « tuer » (M. Beaussier, *op. cit.*, pp. 777-778) ?

TAMEZERTI :
Ethnique correspondant au village de تمزرت *Tamezret*, situé dans le Sud tunisien, à 10 km de Matmata (*Guide bleu Tunisie* 1950, p. 560).

TANUGI, COHEN-TANUGI, TENOUDJI :
Ethnique correspondant à la ville marocaine de تنجة *Tanja*, Tanger. *Tanujî* = originaire de Tanger (M. Beaussier, *op. cit.*, p. 615).

Nom attesté à Tunis au XIXe siècle. *Ketubbah* de Moïse, fils de Jacob Tanougi, et de Reine, fille de Isaac Bonan, en date du 11 avril 1808 (*Registres matrimoniaux* n° 303).

Josue Cohen-Tanugi a exercé au XVIIIe siècle les fonctions de caïd des israélites. C'est par ses soins qu'a été imprimé à Tunis, en 1768, l'ouvrage du grand-rabbin livournais, Isaac Lumbroso, intitulé Zera' Itshaq *(c. à d. « La Postérité d'Isaac »), cf. D. Cazès,* Notes bibliographiques..., *pp. 16 et 242. Le rabbin-missionnaire H. Y. D. Azoulay fut son hôte lors du séjour qu'il fit dans la capitale de la Régence au cours de l'année 1773, cf. H. Z. Hirschberg,* History of the Jews in North Africa, *Leyde 1974-1981, t. II, pp. 101-102.*

TAPIA :
< De l'espagnol *tapia*, 1°. levée de terre marquant les limites d'une propriété ; 2°. nom de plusieurs localités situées dans les provinces de Burgos, d'Oviedo, de Léon (R. Navas, *op. cit.*, p. 1350). Des familles ont pris le nom de leur ville d'origine.

Nom attesté à Tunis à la fin du XVIIIe siècle. *Ketubbah* de David, fils de Elie Tapia, et de Simha, fille de Jacob Tapia, en date du 8 janvier 1789 (*Registres matrimoniaux* n° 13).

Isaac Tapia (m. 1894) a succédé à Abraham Finzi dans les fonctions de grand-rabbin de la communauté livournaise de Tunis et les a exercées de 1888 à 1894. Il a été le dernier grand-rabbin livournais. Après sa mort, il n'y a plus eu qu'un seul grand-rabbin de Tunisie, dont l'autorité s'étendait aux israélites des deux rites (cf. E. Vassel, op. cit., *dans* R. T. *1904, p. 287 et 371).*

TARRAGONE :
< Du nom de lieu *Tarragona*, ville espagnole de la province de Tarragone (R. Navas, *op. cit.*, p. 1352).

TARTOUR :
< De l'arabe طرطورة *tartûra*, subst. fém. « grand bonnet de laine porté autrefois par les janissaires turcs » (M. Beaussier, *op. cit.*, p. 603). Surnom devenu patronyme.

TAYAR, TAYYAR :
< De l'arabe طيّار *tayyâr*, 1°. adj. « qui vole », « volant » ; 2°. subst. masc. « fauconnier » (M. Beaussier, *op. cit.*, p. 623).

TEBECA, TEBEKA, TEBIKA :
< De l'arabe طبق *tabaq*, subst. masc. « corbeille », « plat en alfa tressé » (M. Beaussier, *op. cit.*, p. 599). Ce mot a pour diminutif طبيقة *tabîqa* avec le sens de « petite corbeille », « petit plat ». Nom donné à un fabricant ou à un vendeur de corbeilles ?

TEDESCO, TEDESCHI :
< De l'italien *tedesco*, pl. *tedeschi*, « allemand », « originaire d'Allemagne » (De Felice, *op. cit.*, p. 246).

Un Tedeschi figure sur une liste de sujets toscans, établis à Tunis en 1848 (*R. T.* 1935, pp. 116-117).

Nom attesté à Tunis au XIXe siècle. *Ketubbah* de Elie, fils de Abraham Shalom, et de Esterella, fille de Salomon Tedeschi, en date du 9 janvier 1856 (*Registres matrimoniaux* n° 577).

TEDGUI :
Ethnique correspondant au village de Todgha, dans le Tafilalet, au sud du Maroc (M. Eisenbeth, *op. cit.*, p. 180)

TEMAM, TEMMAM :
< De l'arabe تمّام *tammâm*, subst. masc. : « accomplissement », « achèvement », « perfection » (M. Beaussier, *op. cit.*, p. 111-112). Surnom devenu patronyme.

TEMIM :
< De l'arabe تميم *Tamîm*, nom propre masc. (M. Beaussier, *op. cit.*, p. 112).
< De l'hébreu תָּמִים *Tamîm*, adj. « complet », « sans défaut », « intègre » (Sander et Trénel, *op. cit.*, p. 787).

Le savant kairouanais Dunash b. Tamîm (890-955) a laissé un important commentaire du Sefer Yetsira *(« Le Livre de la création »), cf.* Encyclopædia judaïca, *t. II, p. 272.*

TENOUDJI : V. TANUGI.

TIBI :
Nom d'origine incertaine.
< Du nom de lieu *Tibi*, ville espagnole de la région d'Alicante (R. Navas, *op. cit.*, p. 1367).

< De l'arabe طيب *tîb*, « parfums », « aromates » (M. Beaussier, *op. cit.*, p. 620). Avec un *ya* final donne طيبي *tîbî*, adjectif relatif signifiant « d'odeur agréable », « parfumé ».

Salomon Tibi (1877-1934), avocat au barreau de Sousse. Dans les premières années du siècle, a pris une part active à la campagne en faveur des revendications israélites (extension de la juridiction et de la nationalité françaises). Il est l'auteur d'un important ouvrage : Le Statut personnel des israélites et spécialement des israélites tunisiens, *Tunis 1920-1923.*

TIMSIT :

< Du nom de lieu *Timsit*, village du Djebel Nefousa, en Tripolitaine (selon M. Eisenbeth, *op. cit.*, p. 181). Mais nous n'avons pas trouvé de confirmation de l'existence de ce toponyme (cf. J. Despois, *art. cit.* dans *R. T.* 1933, pp. 263-284).
< Du nom d'une localité du Sud marocain, *Tamsat* dans la région de Ouarzazate ou *Tamsit* dans la région du Sous (cf. A. Laredo, *op. cit.*, n° 1139).

Nom attesté à Tunis à la fin du XVIIIe siècle. *Ketubbah* de Asher, fils de David Jami, et de Rachel, fille de Salomon Timsit, en date du 19 avril 1799 (*Registres matrimoniaux* n° 196).

TKIAR :

< De l'arabe ذكر *dkar*, pl. ذكور *dkûr*, subst. et adj. « mâle » (M. Beaussier, *op. cit.*, p. 366). L'adjonction du groupe *iy* entre la deuxième et la troisième radicale donne le diminutif ذكير *dkiyar*, dont le sens serait « petit mâle », « petit homme ». Surnom individuel devenu patronyme.

N.B. : Ce nom peut être rapproché de *fhal*, « viril », « fort », « courageux ».

TOLEDANO :

< Du nom de Tolède, ville espagnole de Nouvelle Castille, capitale de la province de Tolède (R. Navas, *op. cit.*, p. 1374). Originaire de Tolède, Tolédan.

TORJMAN, TURJMAN :

< De l'arabe ترجمان *turjmân*, « traducteur, interprète » (M. Beaussier, *op. cit.*, p. 102). L'arabe *turjmân* est à l'origine du mot français *drogman*, comme du mot français *truchement* (cf. A. Dauzat, *Dictionnaire étymologique*, Paris 1971, p. 771). Nom de profession devenu patronyme.

TOUATI :

< Ethnique correspondant à la région du توات *Twât*, dans le Sud algérien, originaire du Touat.
Au Moyen Age, les juifs y étaient nombreux et ils y jouissaient d'une relative prospérité. Léon l'Africain nous apprend : « L'intervention d'un prédica-

teur de Tlemcen a provoqué le pillage de leurs biens, et la plupart ont été massacrés par la population. Cet événement a eu lieu l'année où les juifs ont été chassés d'Espagne et de Sicile par le roi catholique » (Léon l'Africain, *Description de l'Afrique*, trad. A. Epaulard, Paris 1956, t. II, p. 436). Sur les juifs du Touat, cf. E. F. Gautier, *Les Siècles obscurs du Maghreb*, Paris 1927, p. 200. C'est à partir de ce que E. F. Gautier en a écrit que Albert Memmi a imaginé l'histoire de ce qu'il a appelé « le royaume du dedans » (A. Memmi, *Le Désert*, Paris 1984), en prenant de grandes libertés avec l'Histoire. La destruction de la communauté juive du Touat a eu lieu en 1492 et non en 1392.

TOUBI :
< De l'hébreu טוֹבִיָּה *Tobiah* (« agréable à Dieu »), nom propre masc. Ex. Tobie (*Neh.* 2, 10), cf. Sander et Trénel, *op. cit.*, p. 216.

TOUBIANA, TUBIANA :
< Du nom de lieu *Toubiana*, village berbère du Djebel Nefousa, en Tripolitaine (selon M. Eisenbeth, *op. cit.*, p. 182). Mais nous n'avons pas trouvé une confirmation de l'existence de ce toponyme (cf. J. Despois, *art. cit.*, dans *R. T.* 1933, pp. 263-284).
< De l'hébreu טוֹבִיָּה *Tobiah* (« agréable à Dieu »), nom propre masc. Ex. Tobie (*Neh.* 2, 10), cf. Sander et Trénel, *op. cit.*, p. 216.

Nom attesté à Tunis à la fin du XVIIIe siècle. *Ketubbah* de Joseph Hay, fils de Mardochée Mendes-Ossona, et de Luna, fille de Nathan Toubiana, en date du 15 juin 1791 (*Registres matrimoniaux*, n° 58).

TOUIL, TUIL :
< De l'arabe تويل *tuwîl*, adj. « long » (M. Beaussier, *op. cit.*, p. 619). Surnom individuel devenu patronyme.

Nom attesté à Tunis au début du XIXe siècle. *Ketubbah* de Jacob, fils de Abraham Shalazar, et de Rachel, fille de Samuel, Haï Etouil, en date du 24 janvier 1819 (*Registres matrimoniaux* n° 451).

TOUITOU :
< De l'arabe تويتو *twîtû*, diminutif de توتو *tûtû*, « merle » (M. Beaussier, *op. cit.*, p. 114), signifiant « petit merle ». Surnom devenu patronyme.

TRABELSI :
Ethnique correspondant à طرابلس *Trâbulus*, Tripoli = originaire de Tripoli, Tripolitain (M. Beaussier, *op. cit.*, p. 601). Ce nom est porté par des juifs comme par des musulmans (P. Marty, *art. cit.*, p. 404).

TRIGANO :
< Du nom de lieu *Tricas*, ville espagnole de la province de Huesca (R. Navas, *op. cit.*, p. 1397). Adjectif d'origine devenu patronyme.

TRIONFO :
< De l'italien *trionfo*, « triomphe », « succès » (P. Petrocchi, *op. cit.*, p. 845). Nom votif devenu patronyme.

Cesare Trionfo, né à Livourne en 1855, venu en Tunisie en 1862, a été l'imprésario de divers théâtres, avant d'être le directeur du Politeama Rossini. *Il a introduit en Tunisie le commerce des pianos de fabrication française, anglaise, allemande, et créé la première maison de commerce spécialisée dans la vente des phonographes et des T. S. F.*

TUBIANA : V. TOUBIANA.

U

UZAN, UZZAN, OUZAN, OZAN :
< De l'arabe وزّان *wazzân*, « peseur » (M. Beaussier, *op. cit.*, p. 1054). Nom de métier devenu patronyme.

Nom attesté à Tunis à la fin du XIXe siècle. *Ketubbah* de Joseph, fils de Moïse Zerah, et de Jamila, fille de Hay Uzan, en date du 7 juin 1871 (*Registres matrimoniaux* n° 997).

Salomon Uzan (1719-1812), dayyân, *rabbin-juge à Sousse, frère de Pinhas Uzan,* dayyân *à Moknine, a laissé un ouvrage intitulé* Yari'ût Shalama *(c. à d. « Les Pavillons de Salomon »), publié à Tunis en 1891 (D. Cazès,* Notes bibliographiques..., *pp. 324-328).*

Sion Uzan (18XX-19XX) a créé à Tunis l'une des premières imprimeries hébraïques dont l'activité s'est poursuivie pendant plus d'un demi-siècle, avec des publications en hébreu et en judéo-arabe. A une première firme « Uzan et Castro » ont succédé une seconde firme « Sion Uzan » (seul) et une troisième « Uzan père et fils ».

Michel Uzan (1890-1978) a pris une part active au développement de la presse et de la littérature judéo-arabes. Il a collaboré aux journaux Al-Akhawa *(« La Fraternité »),* Al-Ansâniya *(« L'Humanité »),* Al-Mukhabbar al-Tûnsî *(« L'Informateur tunisien »). Il a écrit un roman intitulé* Bayn Hiyût Tûnes *(« Entre les murs de Tunis »). On lui doit aussi un petit livre en français :* Fêtes et solennités d'Israël, *Tunis 1950 (D. Hagège,* La Littérature judéo-arabe tunisienne, *pp. 64-65).*

V W X

VAEZ, VAÏS :

< Du nom de lieu *Baeza*, ville espagnole de la province de Jaen, capitale de la province (R. Navas, *op. cit.*, p. 200).

Ce nom est attesté à Tunis dans la deuxième moitié du XVIIe siècle. Un acte du Consulat de France, en date du 19 mars 1673, fait mention de Jacob Vaïs (P. G., *op. cit.*, t. VII, pp. 222-3). Un acte du 1er mai 1686 fait mention d'un juif nommé Abram Vaez parmi les membres de la « nation juive livournaise » de Tunis (P. G., *op. cit.*, t. VIII, p. 60).

A la fin du XVIIIe siècle, *ketubbah* de Raphaël, fils de Abraham Baïs (Baïs = Vaïs), et de Sara, fille de Abraham Lumbroso, en date du 10 juillet 1788 (*Registres matrimoniaux* n° 7).

Il existait à Tunis une synagogue privée désignée par le nom de *synagogue Vaïs*, située impasse du Médecin, par le Souk el-Grâna.

VALENSI, VALENZI :

Ethnique correspondant à la ville de *Balansiya*, Valence, sur la côte orientale de la péninsule ibérique = originaire de Valence.

Ce nom est attesté à Tunis au début du XVIIe siècle. Des actes du Consulat de France font état de diverses opérations (prêts à la grosse aventure, rachats d'esclaves chrétiens...) effectuées par Abraham et David Valensi (P. G., *op. cit.*, t. III, p. 162 sqq.).

A la fin du XVIIIe siècle, *ketubbah* de Haïm, fils de Isaac de Soria, et de Simha, fille de Gabriel Valensi, en date du 24 novembre 1789 (*Registres matrimoniaux* n° 29).

David Haïm Valensi (m. 1825) a succédé à Isaac de David el-Haïk dans les fonctions de grand-rabbin de la communauté livournaise de Tunis et les a exercées de 1802 à 1825 (P. S., Histoire..., *p. 107, n. 69).*

Raymond Valensi (1847-1942), de nationalité française, ingénieur des arts et manufactures. A la veille du Protectorat, a fait partie du comité de l'Alliance israélite qui négocia l'ouverture en 1878 de la première école de l'Alliance à Tunis. A été, pendant de longues années, le président de la communauté israélite portugaise de Tunis (cf. Indicateur tunisien *1904, p. 296 ;* Rev. géo. com. *1936, p. 168).*

*Alfred Valensi (1878-1943), fils de Joseph Valensi, ancien consul d'Autriche-Hongrie à Tunis. Docteur en droit, avocat au barreau de Tunis, auteur du premier ouvrage de propagande sioniste (*Le Sionisme, *Tunis 1906), premier Président de la Fédération sioniste de Tunisie. S'étant établi à Paris en 1927, a été arrêté, par la police de Vichy, en janvier 1943, et déporté à Buchenwald, où il est mort.*

Victor Valensi (1883-1977). Fils de Raymond Valensi, de nationalité française. Architecte D.P.L.G., on lui doit les plans de la grande synagogue de l'avenue de

Paris à Tunis, qui ont été dressés à la veille de la guerre de 1914-1918 (cf. Le Judaïsme tunisien illustré, *février 1913), mais n'ont été réalisés que dans les années trente, le nouveau temple ayant été inauguré en 1937.*

VARGAS :

< De l'espagnol *Varga*, 1°. subst. fém., « pente raide » ; 2°. nom d'une localité située dans la province de Léon (R. Navas, *op. cit.*, p. 1427). Toponyme devenu patronyme.

Ce nom est attesté à Tunis à la fin du XVIIe siècle. Un acte du Consulat de France en date du 12 juin 1682, fait mention de David de Vargues, marchand juif de Tunis (P. G., *op. cit.*, t. VIII, p. 16).

A la fin du XVIIIe siècle, *ketubbah* de Abraham, fils de Moïse Enriques, et de Esther, fille de Abraham Bargas (Bargas = Vargas) en date du 29 mars 1797 (*Registres matrimoniaux* n° 166).

VENTURA :

< De l'espagnol *ventura*, « chance », « fortune » (R. Navas, *op. cit.*, p. 1435).
< De l'italien *ventura*, « sort », « fortune » (De Felice, *op. cit.*, p. 259).
Nom votif donné à un enfant (« que le sort lui soit favorable ») devenu patronyme. C'est l'équivalent de l'hébreu *mazel.*

Nom attesté à Tunis à la fin du XVIIIe siècle. *Ketubbah* de Moïse, fils de Isaac Ventura, et de Esther, fille de Menahem Baruch, en date du 24 mai 1792 (*Registres matrimoniaux* n° 79).

VEROLI :

< Du nom de lieu *Veroli*, ville italienne du Latium. Une ancienne communauté juive y était établie qui fut dispersée au XVIIe siècle (De Felice, *op. cit.*, p. 260).

VILLAREAL :

< Du nom de lieu *Villareal*, ville espagnole de la province de Castillon de la Plana, sur la côte orientale de la péninsule ibérique (R. Navas, *op. cit.*, p. 1453).

Nom attesté à Tunis au XIXe siècle. *Ketubbah* de Isaac, dénommé Angelo, fils de Jacob Vilariali (Vilariali = Villareal), et de Rahmouna, Deborah, Clémentine, fille de Salomon Boccatsa (Boccara ?), en date du 4 octobre 1865 (*Registres matrimoniaux* n° 825).

VOLTERA, VOLTERRA :

< Du nom de lieu *Volterra*, ville italienne de Toscane, province de Pise. Une communauté juive y était établie (De Felice, *op. cit.*, p. 266).

Un Volterra figure sur une liste de ressortissants toscans établis à Tunis en 1848 (*R. T.* 1935, pp. 116-117).

Ce nom est attesté à Tunis au XIXe siècle. *Ketubbah* de Amadeo, fils de Juda Voltera, et de Anne, fille de Isaac Medina, en date du 27 juin 1866 (*Registres matrimoniaux* n° 843).

WEIL :

< Anagramme de *Lewi* (orthographe allemande de Lévi), francisée parfois en *Veil* (A. Dauzat, *op. cit.*, p. 600). Nom d'Alsace-Lorraine, introduit en Tunisie par des familles originaires de la Métropole.

Y

YACOUB :
< De l'arabe يعقوب *Ya'qûb*, nom propre masc., forme arabisée de Jacob (M. Beaussier, *op. cit.*, p. 1091).

YADAN :
< De l'hébreu יָהּ דָּן *yadan*, composé de יָהּ *ya*, « Dieu », et de דָּן *dan*, « juge », avec le sens de « Dieu est mon juge ».

YAFI :
< De l'hébreu יֳפִי *yafi*, « éclat », « beauté » (Sander et Trénel, *op. cit.*, p. 250).

YAFIL :
Nom d'origine incertaine.
< De l'arabe *Yâfil*, nom d'une tribu marocaine de la région des Chaouïa (M. Eisenbeth, *op. cit.*, p. 184).
< De l'hébreu יָהּ *ya*, « Dieu » et פֶּלֶא *fela*, « prodige », « merveille » (Sander et Trénel, *op. cit.*, p. 575), avec le sens de « prodige de Dieu ». Ce nom pourrait avoir été donné à un enfant dont la naissance, ou la survie, serait apparue comme un prodige.
< De l'hébreu יָהּ *ya*, « Dieu », et פְּלַח *felah*, « servir » (Sander et Trénel, *op. cit.*, p. 576), avec le sens de « serviteur de Dieu ».

YAHIA, YAKHIA, IACCHIA :
< De l'arabe يحيى *Yahiyâ*, nom propre masc., forme arabisée de l'hébreu יְהוֹחָנָן *Yohanan*, m. à m. « Dieu lui a accordé sa grâce » (Sander et Trénel, *op. cit.*, p. 232). Ce nom est porté par des juifs comme par des musulmans (cf. P. Marty, *art. cit.*, p. 389). La forme Iacchia correspond à une transcription à l'italienne.

Nom attesté à Tunis au XIXe siècle. *Ketubbah* de Jacob, dénommé Giacomo, fils de Mardochée Yakhia, et de Reine, fille de Jacob Lumbroso, en date du 1er février 1865 (*Registres matrimoniaux* n° 803).

YAÏCH, YAÏCHE, IAÏCH, JAÏS :
< De l'arabe يعيش *ya'ish*, aoriste du verbe عاش « vivre », « subsister » (M. Beaussier, *op. cit.*, pp. 694-5), m. à m. « il vivra » ou « qu'il vive ». Nom votif devenu patronyme.

Nom attesté à Tunis au XIXe siècle. *Ketubbah* de Isaac, fils de Hanania Boccara, et de Reine, fille de Isaac Yaïche, en date du 30 mai 1860 (*Registres matrimoniaux* n° 714).

YANA :
< De l'hébreu יוֹנָה *Yona*, nom propre masc., correspondant à Jonas. Ex. Jonas, fils d'Amithaï, prophète (*Jon.* 1,1), cf. Sander et Trénel, *op. cit.*, p. 235. Yana pourrait être une altération de Yona.

YARHI :
< De l'hébreu יָרֵחַ *yariha*, « lune » (Sander et Trénel, *op. cit.*, p. 261). Avec le suffixe *yod* donne yarhi, adj. relatif signifiant « lunaire » (M. Cohn, *op. cit.*, p. 417).
Ce nom résulte peut-être d'une métathèse dans le nom *Riyâhî*, suite à une interversion des lettres *y* et *r* (N. B. : Le grand-rabbin de Tunisie en fonctions en 1927-8 se nommait Yarhî ou Riahi (A. Arrouas, *Livre d'Or* 1932, p. 189).

YEROUSHALMI, JERUSALMI :
Ethnique correspondant à la ville de יְרוּשָׁלַיִם *Yerushalaym*, Jerusalem (Sander et Trénel, *op. cit.*, p. 261). Originaire de Jérusalem, Hiérosolymitain.

YOM-TOB :
< De l'hébreu יוֹם טוֹב *yom tob*, « jour favorable » (Sander et Trénel, *op. cit.*, p. 233). Nom votif. Expression d'un vœu (« qu'il soit né un jour favorable », « qu'il soit né sous une bonne étoile ») devenue patronyme.

YONNA, YOUNA :
< De l'hébreu יוֹנָה *Yona*, nom propre masc. Jonas. Ex. Jonas, fils de Amithaï (*Jon* 1, 1), cf. Sander et Trénel, *op. cit.*, p. 235. Nom individuel devenu patronyme.

YOUNES :
< De l'arabe يونس *Yûnis*, nom propre masc. (M. Beaussier, *op. cit.*, p. 1092). Forme arabisée du nom hébreu Jonas (cf. P. Marty, *art. cit.*, p. 389).
Nom attesté à Tunis au XIXe siècle. *Ketubbah* de Moïse, fils de Jacob Cittanova, et de Mazel-Tob, fille de Isaac Younes, en date du 31 mai 1868 (*Registres matrimoniaux* n° 886).

Z

ZACOUTO : V. SACOUTO.

ZAFFRAN, ZAFRAN, ZAFRANA :
< De l'arabe زعفران *za'afrân*, « safran » (M. Beaussier, *op. cit.*, p. 434). Nom donné à une personne au teint jaune, ou à une personne spécialisée dans la teinture au safran.
Ce patronyme tire peut-être son origine d'un nom de lieu : *Za'afrân*, qui est porté par de nombreuses localités, en raison de la couleur jaune de leurs terres (Ex. Zaafrane, dans le caïdat du Kef, cf. P. Lambert, *op. cit.*, p. 433).

Nom attesté à Tunis au début du XIXe siècle. *Ketubbah* de Mardochée, fils de Raphaël Zafrana, et de Sephora, fille de Elie Capoua, en date du 16 décembre 1801 (*Registres matrimoniaux* n° 230).

ZAGANI :
Nom d'origine incertaine.
< De l'hébreu זָקֵן *zaken*, « vieux », « vieillard », « ancien » (Sander et Trénel, *op. cit.*, p. 160). Avec l'adjonction d'un *yod* donne *Zaqânî*, adjectif relatif signifiant « de la famille du vieillard », « de la famille de l'ancien ». *Zagani* pourrait être une déformation de *Zaqânî.*
< De l'arabe *Zaqâna*, fraction de tribu de la région de Mahdiya (*Nomenclature et répartition des tribus de Tunisie*, Paris, 1900, p. 241).

ZAGDOUN, ZAGHDOUN, ZERDOUN :
< Du nom de lieu *Zaghdûn*, dans la plaine de Figuig, aux confins algéro-marocains (M. Eisenbeth, *op. cit.*, p. 185 ; *Guide bleu Algérie-Tunisie* 1950, pp. 181-2).

Nom attesté à Tunis à la fin du XVIIe siècle. Un acte du Consulat de France en date du 6 novembre 1699 fait mention d'un juif de Tripoli, nommé Abram Zegdon (P. G., *op. cit.*, t. VIII, p. 309).

ZAGHOUANI :
Ethnique correspondant à la ville tunisienne de زغوان *Zaghwân* ; originaire de Zaghouan.

ZAGHROUN, ZAGRON, ZAKROUN : V. SAGHROUN.

ZAIBI : V. ZIBI.

ZAÏTOUN, ZEÏTOUN, ZITOUN, ZITTOUN :
< De l'arabe زيتون *zaytûn*, « olive », « olivier » (M. Beaussier, *op. cit.*, p. 449). Nom d'arbre, devenu patronyme, porté par des juifs comme par des musulmans (cf. P. Marty, *art. cit.*, p. 393).

Nom attesté à Tunis au XIXe siècle. *Ketubbah* de David, fils de Gabriel, Haï Darmon, et de Reine, fille de Juda Zeïtoun, en date du 19 septembre 1869 (*Registres matrimoniaux* n° 934).

Israël Zeïtoun (1868-1922) a succédé à Eliaou Zerah dans les fonctions de grand-rabbin de Tunisie, et les a exercées de 1917 à 1922 (P. S., Histoire..., *p. 220, n. 94).*

ZAGZAG :
< De l'arabe زقزقة *zaqzaqa*, « bruire », « grincer », « crier » (M. Beaussier, *op. cit.*, p. 436). Sobriquet donné à une personne criarde, devenu patronyme.

ZAKEN, ZAKIN, ZAKINE :
< De l'hébreu זָקֵן *zaqen*, subst. et adj. : « vieux », « vieillard », « ancien » (Sander et Trénel, *op. cit.*, p. 160).

Nom attesté à Tunis au XIXe siècle. *Ketubbah* de Simah, fils de Aaron ben Ha-Zaken, et de Sara, fille de Jacob El-Haïk, en date du 20 février 1856 (*Registres matrimoniaux* n° 582).

ZANA :
< De l'arabe زان *zân*, « chêne zéen », et زانة *zâna*, « un chêne-zéen » (M. Beaussier, *op. cit.*, p. 424).
< Du nom de lieu *Zâna*, village situé entre Tunis et Bizerte. Le toponyme dérive du nom de l'arbre (A. Pellegrin, *Essai sur les noms de lieux d'Algérie et de Tunisie*, p. 170).

Simon Zana (1883-1960). Fondateur et directeur du journal quotidien Le Petit Matin. *La publication de ce quotidien, commencée en 1923, a pu se poursuivre sous Vichy à la condition de se présenter comme « journal israélite de Tunisie » à dater du 15 novembre 1940.*

ZANZOURI, ZENZOURI :
Ethnique correspondant à زنزور *Zanzûr*, ville de Tripolitaine, située à 3 km à l'ouest de Tripoli (*Guide bleu Algérie-Tunisie* 1927, p. 459 et carte p. 468). *Zanzûri*, originaire de Zanzour.

ZAOUI :
Ethnique correspondant à زاوية *Zâwiya*, ville de Tripolitaine, située à 46 km à l'ouest de Tripoli (*Guide bleu Algérie-Tunisie* 1927, p. 459 et carte p. 468). Originaire de Zawiya.

ZARCA, ZARKA, ZARQUA :
< De l'arabe أزرق *azreq*, fém. زرقا *zarqâ*, adj. : « bleu » (M. Beaussier, *op. cit.*, pp. 430-431). Surnom donné à une personne en raison de ses yeux bleus.
< Du nom de la tribu *al-Zarqâ*, établie dans la région de Tajoura, en Tripolitaine (M. Eisenbeth, *op. cit.*, p. 186).

Nom attesté à Tunis dans la deuxième moitié du XVIIe siècle. Un acte du Consulat de France en date du 16 mai 1659 fait mention de Simah Zarka, marchand juif de Tunis (P. G., *op. cit.*, t. VI, p. 223).

Le rabbin Salomon Zarka, disciple des rabbins Simah Sarfati, Abraham Taïeb et Isaac Lumbroso, a laissé un commentaire talmudique intitulé Kisa Shalama *(c. à d. « Le Trône de Salomon »), publié à Livourne en 1836 (D. Cazès,* Notes bibliographiques..., *pp. 329-330).*

Dans la deuxième moitié du XVIIIe siècle, vivait à Tunis le rabbin Joseph Zarka, dont le nom figure dans de nombreuses préfaces-approbations d'ouvrages publiés par des savants de Tunis (D. Cazès, ibid., *passim).*

ZARDI, COHEN-ZARDI :
Ethnique correspondant à la Cerdagne, ancienne province espagnole, annexée à la France au XVIIe siècle, faisant aujourd'hui partie du département des Pyrénées-orientales (d'après M. Eisenbeth, *op. cit.*, p. 115).

ZARHI :
< De l'hébreu זַרְחִי *Zerahî*, adj. relatif, formé à partir de זֶרַח *Zerah* (cf. *Nomb.* 26, 13), signifiant « de la famille de Zerah », « Zerahite » (Sander et Trénel, *op. cit.*, p. 161).

ZAROUK, ZARROUK, ZEROUK :
< De l'arabe زرّوق *zarrûq*, 1°. adj. « bleuâtre » ; 2°. nom propre masc. *Zarrûq* (M. Beaussier, *op. cit.*, p. 431). Surnom donné à une personne en raison de son teint basané, ou nom individuel, devenu patronyme. Il est porté par des juifs comme par des musulmans (cf. P. Marty, *art. cit.*, p. 391).

ZBEROU, ZBIROU :
< De l'arabe زبّار *zabbâr*, subst. masc. signifiant « élagueur », « tailleur de vigne » (M. Beaussier, *op. cit.*, p. 425). Nom de métier devenu patronyme.
< De l'arabe الزبير *al-Zubayr*, nom propre masc. (M. Beaussier, *op. cit.*, p. 425).

ZEBOULON, ZEBOULOUN, ZEBULON :
< De l'hébreu זְבֻלוּן *Zeboulon*, nom propre masc. Ex. Zeboulon, fils de Jacob et de Léa (*Gen.* 30, 20), souche de la tribu de ce nom (Sander et Trénel, *op. cit.*, p. 150).

ZEGHBIB, ZEGBIB, ZERBIB :
< De l'arabe زغبوب *zaghbûb,* qui signifierait « petit » (M. Eisenbeth, *op. cit.*, p. 188). Mais nous n'avons pas retrouvé ce mot dans le dictionnaire de M. Beaussier.
< De l'arabe زغبيب *zaghbîb,* subst. masc. « geai » (A. Lentin, *Supplément au dictionnaire de M. Beaussier,* p. 114). Surnom donné à un homme, aussi criard que le geai, devenu patronyme. On peut rapprocher ce nom de celui de Ghorab ou Ghrab (de l'arabe *ghorâb,* corbeau, cf. M. Beaussier, *op. cit.*, p. 702), porté par des musulmans.

Ce nom est attesté à Tunis à la fin du XVIIIe siècle. *Ketubbah* de Elie, fils de Zegbib, et de Sara, fille de Abraham Bargas, en date du 12 janvier 1791 (*Registres matrimoniaux* n° 52).

ZEÏTOUN : V. ZAÏTOUN.

ZEMMOUR :
< Du berbère *azemmur,* pl. *izemran,* subst. masc. « olivier sauvage ». Azemmour, devenu Zemmour par aphérèse de l'a initial, a donné des toponymes répandus dans toute l'Afrique du Nord (A. Pellegrin, *Essai sur les noms de lieux d'Algérie et de Tunisie,* Tunis 1948, p. 73). Du nom de lieu dériverait le nom de famille.

ZERAFA :
< De l'arabe جرّافة *jarrâfa,* subst. fém. « daurade » (M. Beaussier, *op. cit.*, p. 139), avec remplacement du *jim* par un *zayn,* caractéristique du parler arabe des juifs de Tunis. Ce nom de poisson donné comme nom à un enfant en raison de son caractère apotropique, pour écarter le mauvais œil, est devenu un patronyme.
< De l'arabe زرافة *zarâfa,* subst. fém. « girafe » (M. Beaussier, *op. cit.*, p. 430). C'est à tort, croyons-nous, que cette étymologie a été retenue par M. Eisenbeth (*op. cit.*, p. 187).

Ce nom est attesté à Tunis au XIXe siècle. *Ketubbah* de Jacob, fils de Makhlouf Jerafa (avec un j), et de Rachel, fille de Ghali Samama, en date du 29 mars 1858 (*Registres matrimoniaux* n° 650).

ZERAH, ZIRAH :
< De l'hébreu זֶרַח *Zerah,* nom propre masc. Ex. Zerah, fils de Juda et de Thamar (*Gen.* 38, 20), cf. Sander et Trénel, *op. cit.*, p. 161.

Nom attesté à Tunis au XIXe siècle. *Ketubbah* de Joseph, fils de Moïse Zerah, et de Jamila, fille de Hay Uzan, en date du 7 juin 1871 (*Registres matrimoniaux* n° 997).
Eliaou Zerah (1831-1917) a succédé à Moshé Berrebi, dans les fonctions de grand-

rabbin de Tunisie et les a exercées de 1902 à 1917 (A. Arrouas, Livre d'Or *1932, p. 192 ; P. S.,* Histoire..., *p. 177, n. 110).*

ZERBI : V. DJERBI.

ZERBIB : V. ZEGHBIB.

ZERDOUN : V. ZAGHDOUN.

ZERMATI :
Ethnique correspondant au village de Zelamta, en Oranie, à 30 km de Mascara (M. Eisenbeth, *op. cit.*, p. 188).
< De l'arabe زرمط *zarmat*, subst. masc. : « ver de terre » (A. Lentin, *Supplément au dictionnaire de M. Beaussier*, p. 112).

ZETLAOUI, CHETLAOUI :
< De l'arabe سطلة *satla*, subst. fém. « ébriété », « extase » (M. Beaussier, *op. cit.*, p. 472). Avec le suffixe wî, a pu former l'adjectif relatif سطلاوي *satlâwî*, qui signifierait « ivre », « soûlard ». Donné comme surnom, il a pu, en raison de son caractère péjoratif, être altéré en *Shetlâwî* et *Zetlâwî.*

N. B. : Le verbe *satala*, ou *zatala*, signifie « s'enivrer de kif » (A. Lentin, *Supplément au dictionnaire de M. Beaussier*, p. 113). *Satlâwî*, ou *Zetlâwî* pourrait avoir été un surnom donné à un fumeur de haschich, c. à d. de chanvre indien.

ZIBI, ZAÏBI :
< De l'hébreu צְבִי *tsevi*, subst. masc. « cerf », « gazelle » (Sander et Trénel, *op. cit.*, p. 605). Au Moyen Age, *tsevi* a pris le sens de « bien-aimé ».
Nom attesté à Tunis à la fin du XVIIIe siècle. *Ketubbah* de Elie, fils de Joseph Zaïbi, et de Esther, fille de Baruch Caravallio (Caravallio = Carvalho), en date du 16 juin 1790 (*Registres matrimoniaux* n° 38).

ZIMBRIS :
Ethnique correspondant à زمبرة *Zembra*, île située à la pointe du Cap Bon.

ZITOUN, ZITTOUN : V. ZAÏTOUN.

ZOUARI, ZOUARY :
Ethnique correspondant à la ville de زوارة *Zuwâra*, ville de Tripolitaine, située à 117 km à l'ouest de Tripoli (*Guide bleu Algérie-Tunisie* 1927, p. 458 et carte p. 468).

ZRIBI :
< De l'arabe زريبة *zrîba*, « enclos », « espace entouré d'une haie » (M. Beaussier, *op. cit.*, p. 428). Ce mot est entré dans la formation de nombreux toponymes (ex. Hammâm Zriba), cf. A. Pellegrin, *Essai sur les noms de lieux*, p. 183). Zribi pourrait être un ethnique correspondant à une localité dont le nom comporterait le mot *zrîba*.

ZUILI, JOUILI :
Ethnique correspondant au nom de زويلة *Zawîla*, faubourg de Mahdiya au Moyen Age, cf. Al-Bekri, *Description de l'Afrique septentrionale*, trad. M. de Slane, Alger 1913, p. 68).

ZYSMANS :
< De l'allemand *süss*, « doux », et *Mann*, « homme » = « homme doux ». Nom introduit en Tunisie par des juifs originaires d'Europe centrale.

ANNEXE

LES NOMS DES LIVOURNAIS

Dans la capitale, sinon dans les autres villes du pays, les juifs de Tunisie ont longtemps formé deux communautés distinctes. De la plus nombreuse, faisaient partie les *Twânsa*, ou « Tunisiens » ; de l'autre, ne comptant que deux à trois mille âmes, faisaient partie les *Grâna*, ou Livournais. Cette distinction n'était pas sans rappeler celle que l'on rencontrait en d'autres pays entre *Toshavim* (autochtones) et *Megorashim* (venus d'ailleurs). Mais, en dépit de leur commune dénomination, les Livournais n'avaient pas la même origine, et ils se rattachaient à des migrations qui ne s'étaient pas faites à la même époque. De fait, la communauté livournaise s'est constituée à la faveur de divers apports qui se sont succédé dans le temps, se superposant l'un à l'autre, sans se fondre, et il est aisé d'en faire l'histoire.

La diversité des apports qui, dans le laps de deux ou trois siècles, ont constitué la communauté livournaise de Tunis ressort des noms de familles que l'on y rencontre, et il nous a semblé utile d'en entreprendre une étude d'ensemble. Encore fallait-il, au départ, disposer d'une liste complète des patronymes livournais. Il était exclu que nous entreprenions de l'établir à partir des archives de la communauté livournaise, aujourd'hui inaccessibles. Mais il se trouve heureusement que dans l'entre-deux-guerres un membre du Conseil de la communauté livournaise, du nom de Samuel de Paz, a dressé un état de tous les noms des Livournais.

Cet état, aujourd'hui conservé à Jérusalem dans les Archives centrales pour l'histoire du Peuple juif, a été retrouvé par Lionel Lévy qui en a publié une reproduction intégrale[1]. Dans cet état figurent des noms que nous n'avons jamais rencontrés, et des noms que nous avons rencontrés n'y figurent pas. Son auteur a pu tenir compte de patronymes qui étaient encore attestés de son temps et qui ont disparu depuis. En revanche, il a pu omettre des patronymes qui, pour une raison ou pour une autre, n'avaient pas fait l'objet d'une inscription sur les registres de la communauté. Mais ces réserves que nous formulons par souci de rigueur ne sauraient nous empêcher de retenir cet état comme base d'une étude de l'onomastique livournaise.

Une étude philologique des noms livournais conduit à y distinguer, en fonction de leur origine, cinq classes de noms, que nous allons examiner successivement.

---

1. L. LEVY, *La Nation juive portugaise. Livourne, Amsterdam, Tunis (1591-1951)*, L'Harmattan, Paris, 1999, p. 336.

I. Noms d'origine ibérique

Ce sont : *Accos, Attias, Azuelos, Borgès da Silva, Bueno, Calvo, Campos, Cardoso, Cariglio, Carmona, Carvalho, Catarivas, Cohen de Lara, Costa, Curiel, Da Costa, Daninos, De Paz, Debbasch, El-Haïk, Enriquez, Ergas, Errera, Franco, Gallico, Garsin, Gomez, Guttierès, Levi de Leon, Luisada, Lumbroso, Mendes, Medina, Mendoza, Moraïs, Moreno, Nahmias, Nahon, Nunes-Vaïs, Nunez, Ossuna, Pariente, Payna, Pereira, Pinto, Salazar, Santillana, Sarano, Sierra, Silvera, Solas, Soria, Spinoza, Suarez, Tapia, Toledano, Vaïs, Valensi, Varios, Villareale.*

L'origine ibérique de ces noms ne peut être mise en doute, dès lors qu'il s'agit de noms de lieux d'Espagne (ex. : *Medina, Ossuna, Soria*) ou du Portugal (ex. : *Cardoso, Luisada, Silvera*) ; de noms individuels assortis d'un indice de filiation en *ez* ou en *es* (ex. : *Enriquez, Guttieres, Nunez*), d'une épithète laudative en espagnol (ex. : *Bueno, Lumbroso*) ou encore d'un nom hébreu ou arabe hispanisé (ex. : *Attias, El-Haïque, Nahmias*).

Ces noms sont attestés à Tunis au XVIIe siècle. On les rencontre, au fil des pages, dans le précieux inventaire des Archives du Consulat de France, dressé par Pierre Grandchamp[2]. Ceux qui les portaient étaient pour la plupart des Marranes que les rigueurs de l'Inquisition ont amenés à s'exiler. Le grand-duc de Toscane Ferdinand Ier leur ayant permis de s'établir à Livourne, dont il voulait favoriser l'essor, en les assurant qu'ils n'auraient à y craindre « ni inquisition ni persécution », ils y créèrent une communauté d'année en année plus nombreuse, où ils purent faire retour à la foi de leurs pères, en professant et en pratiquant le judaïsme en toute liberté. Les marchands livournais n'ont pas tardé à nouer des relations commerciales avec l'Afrique du Nord, à y créer des agences et des comptoirs, et certains d'entre-eux, passant la mer, vinrent s'y établir à demeure en y créant de petites colonies[3]. Ce sont ces juifs ibériques qui, venus via Livourne s'établir à Tunis au cours du XVIIe siècle, y ont constitué le premier noyau de la communauté livournaise de la capitale.

II. Noms d'origine italienne

Ce sont : *Africano, Allatini, Ascoli, Ayacchini, Bassano, Benedite, Benero, Bonan, Boralevi, Buonafaro, Calò, Cammeo, Cassuto, Castelnuovo, Cesana,*

2. P. GRANDCHAMP, *La France en Tunisie au XVIIe siècle. Inventaire des archives du Consulat de France à Tunis*, Tunis, 1920-1933, 10 vol.

3. C. ROTH, « Notes sur les Marranes de Livourne » dans *Revue des Etudes juives*, 1931, pp. 1-27 ; M. EISENBETH, « Les Juifs en Algérie et en Tunisie à l'époque turque (1516-1830) » dans *Revue africaine* 1952, pp. 155-163.

Cittanova, Coen, Cremisi, Dello-Strologo, Disegni, Dodisco, Donato, Eminente, Faldini, Felice, Finzi, Fiorentino, Foa, Forti, Funaro, Gianforte, Grego, Iacchia, Lampronti, Lenghi, Levi, Lussato, Marini, Modigliani, Molco, Montefiore, Morpurgo, Naccamulli, Ortona, Ottolenghi, Padoa, Pansieri, Philipson, Piperno, Procaccia, Provenzal, Pullicino, Reginiano, Roa, Rossi, Sacuto, Scialom, Segre, Servadio, Sinigaglia, Sonnino, Sonsino, Spizzichino, Sulema, Tedeschi, Trionfo, Veroli, Viterbo, Vivanti, Volterra, Zuccharino.

L'origine italienne de ces noms ne peut être mise en doute, dès lors qu'il s'agit, pour la plupart, de noms de lieux de la Péninsule italienne (ex. : *Ascoli, Castelnuovo, Veroli*) ; de noms individuels italiens (ex. : *Donato*) ; de noms de métier italiens (ex. : *Astrologo, Funaro, Procaccia, Spizzichino*) ; d'ethniques à l'italienne (ex. : *Dodisco, Grego, Lussato, Morpurgo, Ottolenghi, Provenzal, Tedeschi*) ; de surnoms en italien (ex. : *Eminente, Faldini, Forti, Pansieri*) ; de noms votifs (ex. : *Bonan* [pour *Buon anno*], *Trionfo*) ; ou encore de noms hébreux ou arabes italianisés (ex. : *Coen* [pour Cohen], *Cremisi* [pour Khemis], *Iacchia* [pour Yahia], *Scialom* [pour Shalom], *Sulema* [pour Shalom]).

Ces noms sont ceux de juifs de souche italienne, se rattachant souvent aux plus vieilles communautés juives de la Péninsule. Certains d'entre eux sont attestés en Tunisie depuis la fin du XVIIIe siècle, à en juger par les *Ketubbot*, contrats de mariage, transcrits sur les registres de la communauté portugaise de Tunis[4]. Mais ils se sont multipliés après l'additif apporté le 2 novembre 1846 au traité tuniso-toscan du 11 octobre 1822, en vertu duquel les juifs toscans se virent reconnaître le droit de demeurer sous la protection du grand-duc de Toscane quelle que fût le durée de leur séjour dans la Régence[5]. Cette disposition, qui fut étendue à tous les juifs de la Péninsule, après la réalisation de l'unité italienne, a donné une vive impulsion à l'émigration de juifs italiens. Qu'ils soient venus de Livourne ou des diverses régions d'Italie, ces juifs de vieille souche italienne ont fortement contribué au cours du XIXe siècle à grossir les effectifs de la communauté livournaise de Tunis.

III. Noms d'origine maghrébine

Outre les noms d'origine ibérique et les noms d'origine italienne, se sont ajoutés des noms d'origine maghrébine. Ce sont : *Abeasis, Abouaf, Arous,*

---

4. ATTAL (R.) et AVIVI (J.), *Registres matrimoniaux de la communauté portugaise de Tunis aux XVIIIe et XIXe siècles*, Jérusalem, 1989, cf. supra Introduction p. 19, n. 30.

5. C. MASI, « Fixation du statut des sujets toscans israélites dans la Régence de Tunis », trad. P. Grandchamp, dans *Revue tunisienne* 1935, pp. 115-179 et 323-342.

Attia, Bembaron, Dardour, Darmon, El-Guir, El-Haïk, Flak, Gandus, Haïk, Halfon, Hayoun, Lasry, Malca, Meimon, Melloul, Memmi, Moatty, Sebouk, Suied, Timsit, Zerafa.

La ville de Livourne, où le Grand-duc de Toscane avait invité des Marranes d'Espagne et du Portugal à venir s'établir, n'a pas tardé à attirer des juifs de vieille souche italienne de toutes les régions d'Italie dont le nombre n'a cessé de s'accroître, tout au long du XVIIe et du XVIIIe siècle. Elle a attiré aussi des juifs originaires de Tripolitaine, de Tunisie, d'Algérie et du Maroc. Nombre d'entre eux furent amenés à y faire des séjours de courte durée. Mais il y en eut aussi qui voulurent s'y établir à demeure. En vertu de la charte que le Grand-duc de Toscane avait accordée à la communauté juive – la *Livornina* – ils purent par un vote à la majorité des voix, que l'on désignait sous le nom de *ballotazione*, être agrégés à la communauté juive de Livourne en jouissant de tous les droits des juifs livournais[6]. Il en est résulté que des juifs, portant des noms d'origine maghrébine, ayant été agrégés à la communauté juive de Livourne, purent venir, ou revenir, dans la Régence de Tunis en y bénéficiant du même statut que les Livournais de souche italienne ou ibérique, demeurant sous la protection du Grand-duc de Toscane, et faisant partie de la communauté livournaise de Tunis[7].

IV. Noms d'origine hébraïque

Parmi les noms de membres de la communauté livournaise de Tunis, il en est qui sont incontestablement d'origine hébraïque. Ce sont *Avigdor, Barruch, Bensasson, Carmi, Cohen, Dilouya, Ghidalia, Israël, Issachar, Lévy, Menasce, Ouziel, Semah.*

A la différence des noms que nous avons examinés jusqu'ici, ces noms ajoutent à la diversité de l'onomastique livournaise, sans nous fournir la moindre indication sur l'origine de ceux qui les portent, lesquels peuvent être d'origine ibérique, d'origine italienne ou d'origine maghrébine.

V. Noms d'autres origines

Il y a aussi des noms d'autres origines. Ce sont : *Brandon, Brunswick, Carcassonne, Crémieux, Goldschmidt, Hertz, Klein, Lehman, Levy-Loew,*

---

6. La place de plus en plus grande des Maghrébins dans la population juive de Livourne ressort des recensements de 1809 et de 1841, cf. L. Lévy, *op. cit.*, pp. 323-324 et 325-326.

7. Du fait de l'agrégation de nombreux juifs maghrébins à la communauté israélite de Livourne, le même nom peut être celui d'un membre de la communauté « tunisienne », comme celui d'un membre de la communauté « livournaise ».

Mossé, Narboni, Rochs, Schweke, Schwartz, Weill, Wolf, Wolinski.

Ce sont pour la plupart des noms de juifs français, qui se sont multipliés depuis l'institution du Protectorat : ceux qui les portaient étaient issus des diverses communautés de l'Hexagone : sud-ouest (ex. : *Carcassonne*), sud-est (ex. : *Crémieux, Mossé, Narboni*), Alsace (ex. : *Klein, Lehmann, Schwartz, Weill*). Mais il y en avait dont l'origine était plus lointaine : Tchécoslovaquie (ex. : *Schweke*), Pologne (ex. : *Wolinski*).

On ne doit pas s'étonner de la présence parmi les membres de la communauté livournaise, de juifs de diverses origines qui ne sont pas venus en Tunisie *via* Livourne. En effet, en vertu de la convention, *haskama*, qui a réglementé les rapports entre la communauté des *Twânsa* et la communauté des *Grâna*, devaient faire partie de la communauté tunisienne, tous les juifs venant d'un pays musulmans, et de la communauté livournaise tous les juifs venant d'un pays européen[8]. Aussi, depuis la fin du XIXe siècle, avant et après l'institution du Protectorat, les juifs français qui sont venus s'établir en Tunisie ont pu grossir la communauté livournaise[9].

Des développements qui précèdent ressort la diversité des apports qui au fil du temps ont formé la communauté livournaise de Tunis. Le noyau primitif en a été constitué par des juifs d'origine ibérique, des Marranes pour la plupart, qui sont venus s'établir à Tunis au cours du XVIIe siècle. Puis, à ceux-là ce sont ajoutés des juifs de vieille souche italienne, ainsi que des juifs d'origine maghrébine. Mais c'est à bon droit que cette communauté s'est dite « livournaise » et a été reconnue comme « livournaise », dès lors qu'elle a été constituée par des juifs qui, presque tous, sont venus s'établir en Tunisie *via* Livourne.

L'usage qui s'est implanté depuis la fin du siècle dernier d'appeler « portugais » ce que l'on avait jusque-là appelé « livournais » a été certainement dicté par des raisons politiques. A une époque où la rivalité franco-italienne était encore très vive, il a paru préférable aux Autorités françaises de ne pas affirmer l'italianité d'une communauté dont tous les membres n'étaient pas de nationalité italienne. Mais la dénomination de « communauté portugaise » a privilégié indûment l'un des éléments de cette communauté, qui en comptait d'autres.

Malgré son inexactitude, on ne peut s'interdire d'utiliser l'appellation « communauté portugaise », que l'on rencontrait dans toutes les publications administratives, et que l'ancienne communauté livournaise de Tunis, elle-

---

8. D. CAZES, *Essai sur l'histoire des israélites de Tunisie...*, pp. 128-129.

9. Sur un total de 186 noms, il y a 61 noms d'origine ibérique (32,9 %), 70 noms d'origine italienne (37,8 %), 24 noms d'origine maghrébine (13,0 %), 13 noms d'origine hébraïque (7,1 %) et 17 noms d'autres origines (9,2 %).

même, n'a pas tardé à se donner[10]. En revanche, on se refusera à suivre un auteur qui a récemment affirmé l'existence à Tunis, avant et après le Protectorat, d'une « nation juive portugaise »[11]. Les juifs d'origine ibérique – Marranes revenus à la foi de leurs pères – qui *via* Livourne sont venus s'établir à Tunis au cours du XVIIe siècle, avaient bien conservé de nombreux traits de leur culture originelle, mais ils n'ont pu les transmettre à leur descendance. D'une génération à l'autre, ces premiers Livournais se sont peu à peu acculturés. Ils ont oublié l'espagnol et le portugais de leurs ancêtres pour parler l'arabe, et se sont défaits de leurs usages pour adopter ceux des juifs établis dans le pays de temps immémorial. Quant aux juifs de vieille souche italienne qui sont venus grossir la première communauté livournaise, ils étaient de langue et de culture italiennes. Au contact de ces nouveaux Livournais, les vieux Livournais ont pu dans une certaine mesure s'italianiser, mais ils n'ont pu retrouver leur langue et leur culture originelles.

On ne peut en douter. A la fin du XIXe siècle, les vieux Livournais d'origine ibérique, pour la plupart sinon tous, parlaient l'arabe, et partageaient dans une large mesure les usages et les manières de vivre des juifs du pays. Les nouveaux Livournais, d'origine italienne, ainsi que les juifs d'origine maghrébine qui étaient venus à Tunis après avoir été agrégés à la communauté israélite de Livourne, étaient de langue et de culture italiennes. Ni les uns ni les autres ne parlaient ni comprenaient l'espagnol ou le portugais. Dès lors comment affirmer l'existence d'une « nation » dont personne ne partageait la langue ? Nous ne pouvons, dans le cadre de cette note, discuter longuement les divers arguments avancés par Lionel Lévy. Mais nous ne pouvons nous dispenser d'affirmer nettement notre dissentiment avec sa thèse. L'étude des noms de famille nous a permis de mettre en lumière la diversité des apports qui au fil du temps ont constitué la communauré livournaise de Tunis. S'il y eut des Livournais, venus de Livourne, qui affirmèrent leur appartenance à une « nation juive livournaise », il n'y en eut jamais, de quelque origine que ce fût, qui se soient réclamés d'une « nation juive portugaise »[12].

---

10. Depuis la fin du XIXe siècle, les annuaires administratifs et commerciaux publiés à Tunis consacraient une notice à la « communauté portugaise », et donnaient la composition de sa direction.

11. L. LEVY, *op. cit.*

12. Le regretté Itshak Avrahami, qui a publié le Mémorial de la communauté israélite portugaise de Tunis, et en a fait une étude approfondie, a pu écrire : « Si l'on en juge d'après ses archives, cette communauté (= la communauté livournaise dite "portugaise") n'a plus rien de portugais » (« La contribution des sources internes à l'histoire des juifs livournais à Tunis » dans *Rassegna Mensile di Israël* 1984, p. 726).

BIBLIOGRAPHIE

I
ETUDES D'ONOMASTIQUE

ARIEL (Abraham), *Sefer ha-shamut : 200 ha-shamut ha-nefutsim bi-Israël*, Jérusalem, 1997, 206 p.

BEAUCARNOT (Jean-Louis), *Les noms de famille et leurs secrets*, Livre de Poche, 1992, 392 p.

CAZES (David), *Essai sur l'histoire des israélites de Tunisie*, Paris, 1888, 211 p. Sur l'onomastique, v. pp. 173-179.

CELLARD (J.), *Trésor des noms de famille*, E. Belin, Paris, 1983.

DAUZAT (Albert), *Les Noms de personne. Origine et évolution*, Delagrave, Paris, 1950, 208 p.

DAUZAT (Albert), *Les Noms de famille de France*, Payot, Paris, 2e éd., 1949.

DAUZAT (Albert), *Dictionnaire des noms de famille et prénoms de France*, Larousse, Paris, 1969, 604 p. + suppl.

DE FELICE (E.), *Dizionario dei cognomi italiani*, Mondadori, Milano, 1978, 351 p.

EISENBETH (Maurice), *Le Judaïsme nord-africain. Etudes démographiques sur les Israélites du département de Constantine*, P. Braham, Constantine, 1932, 284 p. Sur l'onomastique, v. pp. 126-163.

EISENBETH (Maurice), *Les Juifs d'Afrique du Nord. Démographie et onomastique*, Alger, 1936, 189 p.

GAUDEFROY-DEMOMBYNES (M.), *Les Institutions musulmanes*, Paris, 3e éd., 1946, 221 p. Sur les noms, v. pp. 164-165.

GEOFFROY (Younes et Nefissa), *Le Livre des prénoms arabes*, Editions al-Bouraq, Beyrouth, 2000, 437 p.

GODOY ALCANTARA (J.), *Ensayo historico etimologico filologico sobre los apellidos castellanos* (reimpresion fac-simile de la primera edicion de 1871), Libreria Cervantes, Salamanca, 1994.

HAMET (Ismaël), *Les Juifs du nord de l'Afrique. Noms et surnoms*, Paris, 1928, 62 p.

HERZ (Laurent), *Dictionnaire étymologique de noms de famille français, d'origine étrangère ou régionale*, L'Harmattan, Paris, 1997, 266 p.

LAREDO (Abraham I.), *Les Noms des juifs du Maroc. Essai d'onomastique judéo-marocaine*, Madrid, 1978, XXXV + 1161 p.

MARTY (Paul), « Folklore tunisien. L'onomastique des noms propres de personnes », dans *Revue des Etudes Islamiques*, 1936/4, pp. 363-432.

MERCIER (Gustave), « La langue libyenne et la toponymie antique de l'Afrique du Nord », dans *Journal Asiatique*, 1924, pp. 189-320.

MOÏSSIS (Asher), *Les Noms des juifs de Grèce*, Jérusalem, 199...

OUAKNIN (Marc-Alain) et ROTNEMER (Dory), *Le Livre des prénoms bibliques et hébraïques*, Albin Michel, Paris, 1997, 431 p.

PELLEGRIN (Arthur), *Essai sur les noms de lieux d'Algérie et de Tunisie. Etymologie. Signification*, Tunis, 1948, 241 p.

SECRÉTARIAT GÉNÉRAL DU GOUVERNEMENT TUNISIEN, *Nomenclature et répartition des tribus de Tunisie*, Chalon-sur-Saône, 1900, 403 p.

SEROR (Simon), *Les Noms des juifs de France au Moyen Age*, CNRS, Paris, 1990, 356 p.

SLOUSCHZ (Nahum), *Un voyage d'études juives en Afrique*, Paris, 1909, 87 p.

SLOUSCHZ (Nahum), *Judéo-hellènes et judéo-berbères. Recherches sur les origines des juifs et du judaïsme en Afrique*, Paris, 1909, 270 p.

TOLEDANO (Joseph), *La Saga des familles. Les juifs du Maroc et leurs noms*, Tel-Aviv, 1983, 344 p.

TOLEDANO (Joseph), *Une histoire de familles. Les noms de famille juifs d'Afrique du Nord, des origines à nos jours*, Ramtel, Jérusalem, 1998, 870 p.

XXX, « Les tribus. Leur état actuel », dans *La Tunisie. Histoire et description*, Berger-Levrault, Paris, 1896, t. II, pp. 381-479.

ZAFRANI (Haïm), *Deux mille ans de vie juive au Maroc. Histoire et culture, religion et magie*, Maisonneuve et Larose, Paris, 1998, 325 p. Sur l'onomastique des juifs du Maroc, v. pp. 44-46.

II
LES NOMS DANS L'HISTOIRE

ARDITTI (Raphaël), « Les Epitaphes rabbiniques de l'ancien cimetière israélite de Tunis », dans *Revue Tunisienne*, 1931, pp. 105-119, et pp. 405-411 ; 1932, pp. 99-111.

ARROUAS (Albert), *Livre d'or, Figures d'hier et d'aujourd'hui*, Tunis, 1932, 192 p.

ARROUAS (Albert), *Livre d'or*, 2e édition, Tunis, 1942, 106 p.

ATTAL (Robert), *La Presse périodique juive d'Afrique du Nord*, Tel-Aviv, 1996, VIII - 167 p.

ATTAL (Robert), *Autographes et signatures de juifs tunisiens*, Jérusalem, 1988, 122 p.

ATTAL (Robert) et AVIVI (Joseph), *Registres matrimoniaux de la communauté juive portugaise de Tunis aux XVIIIe et XIXe siècles*, Jérusalem, 1989, 327 p.

ATTAL (Robert) et AVIVI (Joseph), *Registre matrimonial de la communauté juive portugaise de Tunis (1843-1854)*, Jérusalem, 2000, 79 p.

AVRAHAMI (Itshaq), *Le Mémorial de la Communauté Israélite Portugaise de Tunis (1710-1944)*, Orot Yahdout Hamagreb Lod, 1997 (en hébreu), avec une présentation en français, 290 + 51 p.

CAZES (David), *Notes bibliographiques sur la littérature juive tunisienne*, Tunis, 1893, 370 p.

CORNET (Hubert), « Les Juifs de Gafsa », dans *Les Cahiers de Tunisie*, 1955, pp. 276-315.

CUBISOL (Charles), *Notices abrégées sur la Régence de Tunis*, Paris, 1867, 88 p.

DE FELICE (Renzo), *Ebrei in un paese arabo. Gli Ebrei nella Libia contemporanea, tra colonialismo, nazionalismo arabo e sionismo (1835-1970)*, Bologna, 1978, 464 p.

EISENBETH (Maurice), « Les Juifs en Algérie et en Tunisie à l'époque turque (1516-1830) », dans *Revue Africaine*, 1952, pp. 114-187 et 343-384.

FARGEON (Maurice), *Annuaire des juifs d'Egypte et du Proche-Orient*, Le Caire, 1943, 323 p.

FILIPPINI (J.-P.), « La comunità israelitica di Livorno durante il periodo napoleonico », dans *Rivista Italiana di Studi Napoleonici*, Pise, 1982.

FILIPPINI (J.-P.), « La nation juive de Livourne, des Lumières au Risorgimento », dans *Actes du Colloque La Révolution et les juifs*, Paris, 1989.

FRANCO (Moïse), *Essai sur l'histoire des israélites de l'Empire ottoman, depuis les origines jusqu'à nos jours*, Paris, 1897. Rééd. Paris, 1980, 296 p.

GRANDCHAMP (Pierre), *La France en Tunisie au XVIIe siècle. Inventaire des Archives du Consulat de france à Tunis*, Tunis, 1920-1933, 10 vol.

GRANDCHAMP (Pierre), « Notables français à Tunis, de 1592 à 1881 », dans *Revue Tunisienne*, 1942, pp. 201-242.

HAGEGE (Daniel), *Littérature judéo-arabe tunisienne*, M. Nadjar, Sousse, 1939, 78 p.

LAMBERT (Paul), *Dictionnaire illustré de la Tunisie*, Tunis, 1912, 468 p.

LEROY (Béatrice), *L'Expulsion des juifs d'Espagne*, Berg-International, Paris, 1990, 174 p.

LEROY (Béatrice), *L'Aventure sépharade. De la péninsule ibérique à la diaspora*, Flammarion, Paris, 1991, 222 p.

LEVY (Lionel), *La Nation juive portugaise. Livourne, Amsterdam, Tunis (1591-1951)*, L'Harmattan, Paris, 1999, 426 p.

MASI (Corrado), « Chronique de l'ancien temps (1815-1859) », dans *Revue Tunisienne*, 1935, pp. 83-132.

MASI (Corrado), « Fixation du statut des sujets toscans israélites dans la Régence de Tunis », trad. P. Grandchamp, dans *Revue Tunisienne*, 1938, pp. 115-179 et 323-342.

MILANO (Attilio), *Storia degli Ebrei in Italia*, Eimaudi, Torino, 1963, 727 p.

NATAF (Victor), *Annuaire Israélite de Tunisie*, Années 1930, 1948, 1950, 1953, 1955.

PASOTTI (Nullo), *Italiani e Italia in Tunisia, dalle origini al 1970*, Finzi Editore, Roma, 1970, 207 p.

PLANTET (Eugène), *Correspondance des Beys de Tunis et des Consuls de France avec la Cour (1577-1830)*, Félix Alcan, Paris, 1893-1899, 3 vol.

ROTH (Cecil), « Notes sur les Marranes de Livourne », dans *Revue des Etudes Juives*, 1931, pp. 1-27.

ROTH (Cecil), *Gli Ebrei in Venezia*, Traduzione di Dante Lattes, Roma, 1933, 445 p.

ROTH (Cecil), *Histoire des Marranes*, trad. R. Pinhas-Delpech, Liana Levi, Paris, 1990, 341 p.

SABILLE (Jacques), *Les juifs de Tunisie sous Vichy et l'occupation allemande*, Paris, 1954, 192 p.

SEBAG (Paul), *Histoire des juifs de Tunisie, des origines à nos jours*, L'Harmattan, Paris, 1991, 321 p.

TOAFF (Renzo), *La Nazione ebrea a Livorno e a Pisa*, Ed. Leo Olschki, Firenze, 1995.

VASSEL (Eusèbe), « La littérature populaire des Israélites tunisiens », dans *Revue Tunisienne*, 1904-1907, et en volume séparé, E. Leroux, Paris, 1908.

III
DICTIONNAIRES

ATTAL (Robert), *Lexique judéo-arabe tunisien*, Jérusalem, Paris, 1999.

AZEVEDO (Domingos de), *Pequeño diccionario Português-Francês*, Bertrand, Braga.

BEAUSSIER (Marcelin), *Dictionnaire pratique arabe-français*, Nouvelle édition revue, corrigée et augmentée par Mohamed ben Cheneb, La Maison des Livres, Alger, 1958.

COHEN (David), *Le Parler arabe des juifs de Tunis I Textes et documents linguistiques et ethnographiques*, Paris-La Haye, 1964, 173 p. ; *II Etude linguistique*, Paris-La Haye, 1975, 318 p.

COHN (Marc-M.), *Nouveau dictionnaire hébreu-français*, Larousse, Paris, 1991.

DALLET (Jean-Marie), *Dictionnaire kabyle-français*, Selaf, Paris, 1982.

FOUCAULD (Ch. de), *Dictionnaire abrégé touareg-français. Dialecte Ahaggar*, publié par R. Basset, Alger, 1918.

GARCIA-PELAYO (F.) et TESTAS (J.), *Dictionnaire espagnol-français*, Larousse, Paris, 1972.

GARZANTI, *Il grande dizionario della lingua italiana*, Garzanti, Milano, 1993.

LENTIN (Albert), *Supplément au Dictionnaire pratique arabe-français de M. Beaussier*, Alger, 1959.

NAVAS (R^{z}.), *Diccionario completo de la lengua castellana*, Casa editorial Gallega, Madrid.

NICOLAS (Alfred), *Dictionnaire français-arabe. Idiome tunisien*, 4e éd., L. Namura, Tunis, s. d.

PETROCCHI (P.), *Piccolo dizionario della lingua italiana*, A. Vallardi, Milano, s. d.

SANDER (M.N.P.) et TRENEL (M.I.), *Dictionnaire hébreu-français*, Paris, 1859, rééd. Slatkine, 1982.

TABLE DES MATIÈRES

644091 - Mars 2016
Achevé d'imprimer par

1livre.com
du rêve à la réalité !